何為「中國」？——疆域、民族、文化與歷史

葛兆光

何為中國

疆域 民族 文化與歷史

余英時題

OXFORD
UNIVERSITY PRESS

OXFORD
UNIVERSITY PRESS

牛津大學出版社隸屬牛津大學，以環球出版為志業，
弘揚大學卓於研究、博於學術、篤於教育的優良傳統
Oxford 為牛津大學出版社於英國及特定國家的註冊商標

牛津大學出版社（中國）有限公司出版
香港九龍灣宏遠街 1 號一號九龍 39 樓

ISBN: 978-988-245-247-3

10 9 8 7 6 5 4 3 2 1

Published & Printed in Hong Kong

書　名　何為中國？——疆域、民族、文化與歷史
作　者　葛兆光
版　次　2014 年第一版（精裝）
　　　　2024 年第二版（平裝）

目錄

序[一]

這本小書中想討論的是這樣一些問題，即什麼是「中國」，現代中國是怎樣從古代中國逐漸形成的，這個包含了眾多民族、複雜文化和龐大疆域的「中國」，在當下面臨着什麼樣的問題？

為了討論這些問題，我必須同時討論以下幾個有關「中國」的關鍵詞，即「世界觀」、「國境」、「民族」、「歷史」、「周邊」和「現實」。簡單地說就是：第一，古代中國的「天下觀」是否轉化或者如何才能轉化為現代中國的「世界觀」？這涉及當下中國如何看待傳統朝貢秩序，面對現代國際秩序。第二，傳統中國的「疆域」是否可以形成或者如何轉化為現代中國的「國境」，這也許可以幫助我們反思如今有關「領土」問題發生的種種爭論。第三，近代以來，中國為何在「從天下到萬國」的同時，總是試圖「納四裔入中華」，建構

一　需要說明，本書除了第三章，曾以《中國再考：疆域、民族、文化》為題，在二〇一四年二月作為日本岩波書店「岩波現代文庫」之一，出版了日文版。中文版是在此書中文書稿的基礎上增補修訂而成的。

一個龐大的中國和中華民族？這可以讓我們理解，為什麼現代中國人仍然有「大中華」的觀念，也可以讓我們理解，為什麼面對中國民族史的時候，很多學者不由自主要使用「漢化」或者「涵化」的概念；第四，現在我們所說的「中國文化」，究竟是如何從歷史中逐漸形成的，這可以讓我們反思，今天所謂「中國文化」究竟應該是單數的還是複數的？第五，近世以來，「周邊」尤其是東亞諸國的彼此信任是什麼時候消失的，東亞各國何以漸行漸遠？這可以讓我們重新理解近世東亞變動中的國際關係。第六，我將從文化衝突的角度看，中國的傳統文化資源，究竟是否能夠成為一種理性力量，導致國際和平和地區穩定？

以上這些問題，雖然都是在討論「中國」，但事實上，當我們討論「中國」時，也不可避免會涉及「亞洲」的鄰居，比如日本和韓國（也包括朝鮮、越南等等），甚至涉及到西方世界。生活在這樣一個互相聯繫又互相依賴的世界裏，我們希望反思歷史所帶來的理性，可以讓我們抑制情感驅動的民族主義立場，在同一個世界中相敬如賓，彼此尊重。希望我能夠與讀者一起，在這本小書中討論這些關係到你、我、他的大問題。

當然，必須說明的是，作為一個歷史學者，我的這些討論總是習慣性地從「歷史」出發，因為我希望我能夠做到「導論」裏所說的，「不僅通過歷史知識認識自我，而且通過歷史知識與周邊鄰居形成一些共識」。

二〇一三年十二月於美國普林斯頓大學

導論 有關「中國」的歷史形成與認同困境

在這篇「導論」中，我想和各位讀者討論一些歷史問題，這些歷史問題可能會涉及（一）「亞洲」與「中國」，（二）「學術」、「政治」與「認同」，（三）「全球史」、「國別史」與「區域史」。

作為一個專業的歷史學者，本來，我並不想討論這些大問題。可是，近年來我越來越覺得，研究中國歷史繞不開這些大問題，觀察現實中國也不能迴避這些大問題。最近，迅速膨脹（我很不喜歡「崛起」這個詞）的中國面臨的嚴重問題之一，就是中國與亞洲和世界，究竟在文化、政治和經濟上如何相處？我要承認，現代中國已經遇到很多麻煩，比如高句麗問題、東海與釣魚島問題、南海與西沙、南沙問題、外蒙古與內蒙古問題、新疆的東突厥運動以及伊斯蘭教問題、西藏及藏傳佛教問題、中印邊界問題、台灣問題，甚至還有可能死灰復燃的琉球問題等等。

毫無疑問，政治上的麻煩，應當由政治家根據國際政治的準則去處理，可是，也有一些是歷史的問題，歷史學家沒有把這些問題理清，所以，使得某些政治家既不會把歷史疆域與現實領土問題分開，也無法通過歷史知識與周邊鄰居形成一些共識。還有些學者，雖然也意識到這些問題的意義，可是，如果不做好歷史知識的準備就匆匆談論，要麼一下子就落入帶有預設立場的、充滿政治意識形態的爭論，而不是理性的、歷史的、學術的討論，要麼一下子就投入西方時髦理論的窠臼，拿了一些「帝國」或「民族國家」、「後現代」或「後殖民」等等大理論大概念說空話。

「疆域」、「族群」、「宗教」、「國家」和「認同」等話題，現在已經是中國學界關注的焦點，所以，作為一個歷史學者，我要和各位讀者一道，從歷史上來討論，究竟什麼是「中國」？這也是我二〇一一年在北京和台北同時出版的一本新書《宅茲中國》的主題，現在的這本小書，不僅在某種意義上是《宅茲中國》所提出的問題的再詮釋，也包含了《宅茲中國》出版之後的兩年裏，我繼續反思「中國」問題的一些新想法[1]。

一、「中國」的解釋為什麼成為問題？以及「中國」存在哪些困境？

什麼是「中國」？這個看似平常的常識背後，有一些麻煩的歷史問題。

---

1 葛兆光《宅茲中國：重建有關中國的歷史論述》（北京：中華書局，二〇一一；台北：聯經出版公司，二〇一一）。

一方面，一八九五年以後，大清帝國被捲入全球和亞洲，傳統中國文化被迫接受西洋和東洋新文化的衝擊，傳統中國的天下觀念和朝貢體系受到現代新世界秩序的挑戰，傳統中國的政治制度受到西方民主制度的打擊，開始出現兩千年未有之「巨變」[二]。古代中國應付變化時所習慣的「在傳統內變」（change within tradition），從這時起，不得不變成「在傳統外變」（change without tradition）。所以，我們討論歷史中的中國，就不得不涉及亞洲、甚至世界，因為「中國」從此不再是一個自我完足的歷史世界，所有的歷史討論，都不得不放在「世界」或者「亞洲」，至少也是「東亞」的背景中。

另一方面，這些近代世界和亞洲歷史的變化，越來越刺激着強調互相聯繫和互相影響的全球史、區域史研究，近幾十年來流行的後現代歷史理論，也在鼓吹對於「民族國家」歷史敘述的批判。由於學界對「亞洲史」、「全球史」的興趣升溫，因此反過來在國際學界催生了這樣一個取向，即對於歷史上是否真的有「中國」這樣一個政治、文化高度同一性的國家也產生了懷疑，有人問：為什麼「中國」可以當作一個「歷史世界」被認同和被論述？這些話題，不止進入了中國國內，而且還在各個領域產生影響。

二　我在《中國思想史》兩卷本最後一章最後一節《一八九五年的中國》指出，一八九四年的「甲午敗戰」與一八九五年簽訂的「馬關條約」，是中國思想史、甚至也是中國歷史上最大的轉折點。葛兆光《中國思想史》（上海：復旦大學出版社，二〇〇三）第二卷，五三一－五五〇頁。

應當感謝這些尖銳的質疑。由於有了這些質疑，才使我們今天會在這裏重新討論和反省「何為中國」。我總覺得，這些有關「中國」的歷史問題，既構成現實中國政治與文化的若干困境，也給學術界特別是歷史學界帶來了一個世界級的研究課題。為什麼？因為作為一個國家，「中國」的性質既不能簡單地用歐洲傳統的「帝國」，也不能用歐洲近代的「民族國家」的定義和理論來理解，它的疆域、族群、信仰、國境、文化以及認同問題，遠遠比現在世界上各國要複雜。

如果回顧「中國」的歷史，我可以簡單地說，一個在政治上和文化上始終有延續性的中國，很早就被確立起來。從公元前三世紀秦代建立統一帝國，並以官方力量推行「一法度、衡石丈尺，車同軌，書同文字」[三]，到公元前二世紀漢代在思想上「獨尊儒術」，制度上「霸王道雜之」[四]，一個政治、文化、語言上相當同一的中華帝國在這時已經形成。儘管

三　《史記》（北京：中華書局，一九五九，以下凡引二十四史及《清史稿》，均為中華書局標點本）卷六《秦始皇本紀》，二三九頁。《禮記．中庸第三十一》中，把這一理想的狀況總結為「天下車同軌，書同文，行同倫」。《十三經注疏》（中華書局影印本，一九八〇），一六三四頁。

四　「獨尊儒術」是董仲舒在元光元年（前一百三十四年）對漢武帝的建議，見《漢書》卷五十六《董仲舒傳》「今師異道，人異論，百家殊方，指意不同，是以上亡以持一統……臣愚以為諸不在六藝之科、孔子之術者，皆絕其道，勿使並進」。二五一五頁。這一建議在一定程度上被漢武帝採納，奠定了中國思想主流，後來被歸納為「罷黜百家，獨尊儒術」。「霸王道雜之」是漢宣帝的話，見《漢書》卷九《元帝紀》：「宣帝作色曰：漢家自有制度，本以霸王道雜之，奈何純任德教，用周政乎？」這實際上指出了古代中國政治制度，並非單純用儒家學說和道德教化的實際情況。二七七頁。

此後漫長的中古時期，中國也經歷戰亂與分裂，諸多族群交融雜糅，各族首領互相嬗代，但一直到隋唐，中國仍然保持着一個對東亞具有籠罩性，對域內各個族群有一定控制力的大帝國。我們應當注意到，漢唐之間，在一般觀念世界裏，不太有所謂「外國」意識，也不太有所謂「國際」秩序。儘管歷史上有匈奴，有鮮卑，有突厥，有種種可以抗衡這個帝國的異族力量，但總的來說，觀念世界裏面還不是真的有對等的「敵國」，更沒有若干個「外國」[五]。

一直到宋代，即十世紀到十四世紀，中國和他的鄰居的關係才發生了重大變化[六]，宋朝中國已經處在一個多國的國際環境中，開始產生了一直延續到今天的「中國」意識。只要有基本的中國歷史知識，就知道這個時代確實與過去不一樣了。現代學術界，為什麼很多人同意「唐宋變革論」，強調唐代是傳統時代，而宋代是中國的近世？不僅日本的內藤湖南、宮崎市定提出這一假設，中國的傅斯年、陳寅恪、錢穆、傅樂成，也都有類似論斷。我認為，

五　請看二十四史，要一直到蒙元時代撰寫的《宋史》裏面，才第一次既有《外國傳》若干卷，又有《蠻夷傳》若干卷，有了「外」與「內」的明確分別，具有類似現代的「國家」意識了。

六　宋代周邊由於強敵環伺，正如[美] Morris Rossabi 所編一部討論宋代國際關係的論文集的書名*China among Equals*所顯示的那樣，在那個時代開始，「中國棋逢對手」（也有人翻譯為「勢均力敵國家中的中國」），也正如它的副題*The Middle Kingdom and Its Neighbors, 10th–14th Centuries*顯示的那樣，是這個時代，中國才意識到它存在於強大的鄰居中間。Morris Rossabi ed., *China among Equals: The Middle Kingdom and Its Neighbors, 10th–14th Centuries*, University of California Press, Berkeley，一九八三。

宋代之所以成為「近世」，除了城市與市民的興起、貴族衰落與皇權專制、科舉、士紳、鄉里社會的形成，以及文學藝術的風格變化等等這些前人業已指出的宋代新因素之外，「民族」和「國家」意識逐漸自覺本身，也是所謂「近世」的一個標誌。所以，我會強調宋代是「中國」意識形成的關鍵時代[七]。

但是，這裏特別要指出的是，當這個特別的國家初具雛型之後，政治上的國家邊界與國際環境仍在不斷變化中，由於有限的中國卻延續着傳統「至大無外」的天下觀念和「自我中心」的朝貢體制，所以在宋代以後，這個逐漸在文化上有同一性、政治上有統一性的「中國」，卻遭遇更多的麻煩，除了蒙元與滿清兩次異族統治所造成跨越性大帝國之外，還遇到了極為特別的三重困境，這使得「中國」作為國家，一直無法解決「內」與「外」的承認與認同問題，而這些問題又構成現代中國的困境，我認為，這些困境甚至還會延續到未來。

那麼，究竟是哪三重困境呢？

第一重困境，是宋代以後周邊國家（包括日本、朝鮮、安南）出現的「自國中心主義」。在中國不再有漢唐時代的文化吸引力與輻射力以後，它們至少在文化上不再願意依附於中國，也不甘心於在政治上承認南蠻北狄西戎東夷環繞「中國」的狀況。比如日本，儘管

七　葛兆光《「中國」意識在宋代的凸顯》，前引《宅茲中國》第一編第一章，四一–六五頁。

從隋唐以來就已經有了與中國對等的自覺意識[八]，但真正政治、經濟與文化上的全面「自國中心主義」，恐怕是從蒙元時代蒙古、江南、高麗聯軍攻打日本，遭遇所謂「神風」而失敗之後才開始的，因為從此日本便以「神國」自居，有意識地發展自我文化，逐漸形成所謂日本型「華夷秩序」[九]。儘管足利義滿在十五世紀初年（一四〇一）一度曾經試圖放低姿態，以稱臣納貢的方式進入大明的朝貢圈[一〇]，但此後的大多數時候，足利、豐臣、德川三個武家

八　《隋書·東夷傳·倭國傳》記載，當時日本國書曾寫「日出處天子致書日沒處天子無恙」。參看《日本書記》卷二十二《推古天皇》（日本古典文學大系，岩波書店，一九六五，一九八七）一八九-一九一頁。也有日本學者認為，日本在天武天皇時期（六七三-六八六）採用「天皇」稱號代替「大王」稱號，是為了與中國的皇帝（唐高宗上元元年即六七四年稱「天皇」）對等，得到比受中國冊封的新羅國王更高的位置，確立自己的國家地位。見[日]佐藤信等編《詳說日本史研究》（東京：山川出版社，二〇一二），五九頁。

九　[日]川添昭二《蒙古襲來研究史論》（東京：雄山閣，一九七七）指出，儘管這一入侵事件最終並沒有造成嚴重的征服和殖民結果，但是，它使得日本人心理有一個巨大的陰影，二六-二八頁。所以此後，在一二九三年前後，日本的文獻中就出現各種各樣有關蒙古來襲的想像和傳說。內藤湖南曾經很強調蒙古襲來的刺激和足利義滿統一的意義，他認為，「應仁之亂是日本文化獨立的契機」。一方面，由於後宇多天皇（一二六七-一三二四）等南朝系統有改革思想，是日本走向文化獨立的內在因素，另一方面，蒙古統治中國，又來襲日本，大敗而歸，則導致日本自信「為神靈之國」、超越中國的想法，這是外在因素。參看連清吉《日本近代的文化史學家：內藤湖南》（學生書局，二〇〇四）。

一〇　明初的洪武年間，曾經因為胡惟庸案，導致明朝與日本之間的嫌隙，當然，這種感情上的敵視，仍然要讓位給現實上的妥協，所以，仍然接受了日本使者與學者來華訪問。到了建文和永樂年間，足利義滿曾經遣使來溝通，姿態很謙卑，甚至用了「稱臣」的方式，但明朝態度始終較為冷淡，只是冊封其為「日本國王」，並且非常理性地把與蒙元形成敵對關係的日本，特別列為「不征之國」。《明史》卷三百二十二《外國三·日本》記載「列不征之國十五，日本與焉。自是，朝貢不至，而海上之警亦漸息」。八三四四頁。

政權是不認同，甚至是蔑視中國中心的朝貢體制的。

在蒙元帝國解體之後的東亞，各國陸續發生着政治變化，李成桂建立的李朝取代高麗，雖然仍然留在大明朝貢圈裏面，顯然在文化上也有着自國中心傾向。明太祖在洪武二十五年（一三九二）曾經警告過朝鮮使臣，不要搞獨立王國，說「日頭那裏起，那裏落，天下只是一個日頭，慢不得日頭」[一一]。但是，政治上的俯首承認，並不等於文化上的甘心稱臣，李朝朝鮮逐漸也開始了文化上的自我中心主義的歷程，有趣的是，他們用來支撐文化自信的，恰恰是來自中國的朱子之學。

另一個周邊國家安南，從蒙元時代起就不認同蒙古王朝，無論是宋代還是元代，都沒有真正征服過它，陳朝曾經三次打敗了蒙元軍隊，特別是元憲宗七年（一二五七）年兀良合台出征失利，雙方互相妥協，商定「三年一貢」，但是實際上「其後難有聘使往來，而冊封之禮，終元不復行」（潘輝注語），陳日煚曾經自封「憲天體道大明光孝」皇帝，而且還有自己的年號，叫做「紹隆」，與元朝分庭抗禮。到了大明王朝，其實也是一樣，明朝承認他們「限山隔海，天造地設」，雖然永樂皇帝也曾經想把安南「郡縣化」（有點兒像改土歸

一一　李朝剛剛建立的第一年即洪武二十五年（一三九二）八月，就派人到明王朝去陳情，明太祖雖然表示接受朝鮮的政權變更，並同意其用「朝鮮」為國名，但他也時時借故提醒朝鮮國王，「事事都要至誠，直直正正」。見吳晗《朝鮮李朝實錄中的中國史料》（北京：中華書局，一九八〇）第一冊，上編卷一，一一一—一一三頁；一四〇頁。

流），但是並不成功，特別是一四二八年黎朝建立，再次打敗明朝軍隊，它的自國中心的傾向越來越厲害[一二]。

一般來說，一個民族和一個國家一旦統一，自我和自尊的意識就會很強。中國周邊的安南、琉球、朝鮮、日本逐漸形成了「自國意識」之後，便在政治上逐漸獨立，在文化上開始與中國分庭抗禮，這就出現了跟漢、唐時代的「東亞」很不一樣的「國際格局」，這使得建立在「天下觀念」與「禮儀秩序」上的中國中心的國際秩序發生改變，也迫使中國逐漸接受這種變化的政治格局和文化版圖。

——這是來自周邊的第一重挑戰，即中國「周邊」發生了變化。過去，受到中國影響，環繞在中國周邊的各國逐漸開始與中國分庭抗禮。

第二重困境，是明代中期西洋人東來之後形成的。雖然明朝建立後，中國重新收縮版圖，回到以傳統漢族的疆域、族群、文化為基礎建立的帝國之中，但是，明武宗正德十一年（一五一六）一個葡萄牙人 Rafael Perestrello 隨船來到中國，卻揭開西洋東進的序幕。大明帝國從此被拖入了一個更大的世界秩序中，中國歷史也被整編進了全球歷史之中，中國文化

一二 元代，安南雖然受到冊封，但是「王每受天子詔令，但拱立不拜，與使者相見或燕席，位加於使者之上」。見《元史》卷二〇九《安南傳》，四六四四頁，四六三七頁。一直到洪武三年（一三七〇）才受明朝冊封，勉強成為朝貢圈中的一份子。但是，他們仍然自稱「大越皇帝」，為了這個稱呼，也與明朝糾纏不已。

也面臨着歐洲文明的挑戰。雖然在明代中後期，這一衝擊並不明顯，但這種「早期全球化」的歷史趨勢，在此後越演越烈，從鴉片戰爭之後，一直到晚清，西方人以「堅船利炮」打進來，簽訂各種不平等條約，這使得「天下」逐漸變為「國際」，以前跟中國沒有太多交集關係的、巨大的一個地理世界、歷史世界和文化世界出現了。那麼，到底誰的價值能夠支配這個世界？誰的秩序能夠統馭這個國際？

——這是中國面臨的第二重困境，那是來自另一個世界的文化和秩序的挑戰。

第三重困境，則是大清帝國版圖擴大而逐漸形成的內部問題。很多人都注意到，明朝中國的疆域基本上還是本土十五省[一三]，那個時候的人，大多承認，「酒泉」就是「中國絕域重地」，「嘉峪關外即非我所有」了[一四]。在這個主要是漢族的疆域中，族群與地區問題並不很突出。但是，到了清代就不一樣了，滿清入關之前的天聰九年（一六三五），已經成立蒙古八旗，崇德七年（一六四二）成立漢軍八旗，應該說，進關之前的後金，已經是滿、蒙、漢的混合帝國了。順治元年（一六四四）滿族入關建立大清王朝，康熙二十二年（一六八三）

一三 [美]司徒琳（Lynn A. Struve）指出，明代帝國有效控制範圍只是十五省，蒙、回、藏、滿、鮮都常常被忽略了，直到清代才發生大變化。司徒琳編《世界時間與東亞時間中的明清變化》（中文本，北京：三聯書店，二〇〇九）下卷《引言》，三頁。

一四 台北故宮博物院藏明代無名氏編《甘肅鎮戰守圖略》（嘉靖二十三年抄本）之《肅州圖說》中語「肅州衛即古酒泉郡也，乃中國絕域重地……嘉峪關外即非我所有」。轉引自林梅村《蒙古山水地圖》（北京：文物出版社，二〇一一），二頁。

收復台灣，康熙二十七年（一六八八）漠北的喀爾喀蒙古歸降，「中國」由明代漢族為主的中國，變成了兼有整個蒙、滿、漢的大帝國；乾隆二十四年（一七五九）最終平定準噶爾及天山南路大小和卓爾，有了新疆（回部），中國更成為合滿、漢、蒙、回為一體的超級大帝國[一五]；從明朝開始到雍正時代基本實現的「改土歸流」，西南的苗、彝由原來的土司土官治理變成國家控制下的州、府、縣、廳，這時中國變成了滿、蒙、漢、回、苗諸族的共同帝國；從順治到乾隆，冊封班禪、達賴，達賴到承德覲見，乾隆五十七年（一七九二）大清朝廷派福康安到西藏，確定金瓶掣簽制度，中國更成為「五族（滿蒙回藏漢）」或者「六族（滿蒙回藏漢苗）」的國家，不再是原來意義上簡單的民族（漢）和國家（中國）重疊。

雖然一個東到庫頁島，西到新疆疏勒，北到外興安嶺，南至海南島這樣一個龐大帝國很值得自豪[一六]，可是，隨之產生的內部認同問題卻很嚴重，龐大的統一國家、多元的民族文化和複雜的認同問題同時延續下來。一九一一年辛亥革命，帝制中國改為共和國制國家，雖然革命派像章太炎、孫中山、陳天華等等一開始提出「驅除韃虜，恢復中華」這種民族革命的

一五　平定回部之後，一八二〇年，龔自珍曾經有《西域置行省議》，一八七七年又有左宗棠上書，建議在回部「設行省，改郡縣，為新疆畫久安長治之策」，最後在一八八四年新疆建省，這與「改土歸流」一樣，清朝政府終於正式把新疆納入版圖。

一六　《清史稿》卷五十四《地理一》說，大清帝國「東極三姓所屬之庫頁島，西極新疆疏勒至於葱嶺，北極外興安嶺，南極廣東瓊州崖山，莫不稽顙內鄉，誠係本朝」。一八九一頁。

口號來動員民眾[一七]，但是，這個原本以「排滿」恢復漢族政權開始的革命，最後卻因為誰也不能承擔「分割國土」的罪名，不得不妥協，並接受保守派如梁啟超、康有為等關於國族的主張，承認清帝「遜位詔書」中希冀的「五族共和」。但是，接受了大清帝國遺產的中華民國以及中華人民共和國，也同樣繼承了大清帝國隱含的龐雜的族群與地區問題，即滿蒙漢回藏苗怎樣才能有一個國家的共識和文化的認同。

——這構成了「中國」的第三重困境，即如何處理內部各個族群對於國家認同的困境。

由於現代中國繼承的是宋代以來逐漸變動的周邊關係、明代以來的國際環境，也繼承了清朝最後達成的內部複雜的民族國家，所以，我在二〇一一年出版的《宅茲中國》一書裏強調，「歷史上的『中國』是一個移動的『中國』」，如果中國仍然停留在大一統天朝想像中，那麼，它仍將面臨內部、周邊、外部的三重複雜的歷史問題[一八]。所以，「中國」是一個特別的「國家」，現在我們一定要理解，這個中國「並非（像歐洲那樣）從帝國到民族國

一七　像章太炎就寫過「仇滿」、「排滿」的論説，孫中山也考慮過放棄滿、蒙。關於這一問題，很多學者都有研究，此處從略。參看第三章。

一八　一八九五年以後，中國被整編進世界、亞洲或者東亞的歷史裏面，就不得不思考這些認同、疆域、族群等等問題。在傳統時代，這些問題原本好像並沒有「顯題化」，可是在一八九五年以後，這些問題都出來了，二戰以及二戰之後，作為弱國，「民族解放」的大潮席捲一切，又掩蓋了其中的複雜性。但是，到了二〇〇〇年以後，隨着中國政治、文化和經濟在國際環境中的變化，它就越來越不可迴避。這也是我們為何要討論「中國」這一問題的原因。

家，而是在無邊『帝國』的意識中有有限『國家』的觀念，在有限的『國家』認知中保存了無邊『帝國』的想像，近代民族國家從傳統中央帝國中蛻變出來，近代民族國家依然殘存着傳統中央帝國意識」[一九]。所以，歐洲的近代的「民族國家」概念，可能在中國並不太適用，而中國這個特殊的「國家」，需要從歷史中去理解。

二、對「中國」的質疑：各種歷史研究的新理論與新方法的啟示和挑戰[二〇]

但是，怎麼理解這個龐大複雜的「中國」？毫無疑問，現在我們已經不會再用某些學者把「中華人民共和國」的政治版圖當做「歷史中國」論述範圍的這種做法[二一]，但是，是否又應當像早期一些日本學者那樣，覺得「支那無國境」，「支那非國家」、認為中國應當回歸長城以南，成為一個單純的漢族國家？是否應當按照現代學界關於歐洲標準的「民族國家」樣式，把中國看成是一個並沒有實質同一性的大帝國？是否應當按照後現代理論，把「中國」看成是一個沒有同一性，只是一個依賴想像建構起來的共同體？

一九 葛兆光《宅茲中國：重建有關「中國」的歷史論述》，二八—二九頁。

二〇 以下內容只是一個簡單的概說，更詳細的討論見葛兆光《宅茲中國：重建有關「中國」的歷史論述》，六—二七頁。

二一 白壽彝《論歷史上祖國國土問題的處理》，原載《光明日報》一九五一年五月五日，後收入《學步集》（北京：三聯書店，一九七八）。二頁。

這些問題並不是杞人憂天。現在國際的「中國」研究領域，有以下五種理論和方法，無形中在挑戰和質疑以「中國」為一個歷史世界的傳統論述。

一、「**區域研究**」。自從一九八二年，美國學者郝若貝（Robert Hartwell）發表了《七五〇－一五五〇年中國人口、政區與社會的轉化》（*Demographic, Political and Social Transformation of China 750–1550*）一文以來[二一]，這一重視區域的研究思路，刺激和影響了美國的宋代中國研究，比如 Robert Hymes、Richard Davis、Paul Smith、Peter Bol 對宋代的撫州、四川、明州、婺州等區域的研究等等。當然，對於中國的「區域研究」或者「地方史」研究，並不是從這裏才開始的，從一九七七年施堅雅（William Skinner）的中國近代城市研究那裏已經開始[二二]。但是，此後這一對中國的區域研究不僅影響美國，也影響日本。一九九〇年以後的日本中國學界，對於「地域」的研究興趣也在明顯增長，這種「區域」的觀察意識在很大程度上，細化了過去對於「中國」的籠統研究。公平地說，這是歷史研究的進一步

二一　他提出，中國在這八百年來的變化，應當重點考慮的是（一）各區域內部的發展，（二）各區域之間的移民，（三）政府的組織，（四）精英分子的社會與政治行為的轉變。他把唐宋到明代中葉的中國歷史研究重心，從原來整體中國，轉移到不同區域，把原來同一的士大夫階層，分解為國家精英（founding elite）、職業精英（professional elite）和地方精英或士紳（local elite or gentry），他特別強調「地方精英」這一新階層。

二二　施堅雅《十九世紀中國的地區城市化》，原文發表於一九七七年他本人所編的《中華帝國晚期的城市》（*The City in Late Imperial China*, Stanford University Press, 1977．，葉光庭等譯，北京：中華書局，二〇〇〇），二四二－二五二頁。

深化，中國研究確實在很長時間裏，過度忽略地方差異性而強調整體同一性。但是，區域研究的方法，在很大程度上，卻意外地引出了對「同一性中國歷史、中國文明與中國思想是否存在」的質疑。有的學者甚至覺得，討論一個籠統地叫做「中國」的歷史世界是不可能的，他們建議把中國拆開來，分成若干塊「地方」進行細致的研究。

二、「亞洲研究」或「東亞研究」。把「亞洲」或者「東亞」作為一個歷史世界，一方面受到來自歐美的世界地理與文明觀念的影響，把亞洲（或東亞）當做一個整體；另一方面與明治時期在日本出現的亞洲論述和東洋學有關。那是一段相當複雜的歷史。簡單地說，對於「中國」能否作為一個民族國家或者歷史世界的疑問，在明治時代就已經開始，明治時代日本東洋學界，追隨西方民族國家觀念和西方中國學風氣，逐漸形成明治日本的東洋學對於朝鮮、蒙古、滿洲、西藏、新疆的格外關注，他們不再把「中國」看成是籠罩邊疆和異族的同一體。可是，這一原本只是學術研究的取向，逐漸政治化，變成一種理解中國的觀念，甚至針對中國的政策，並在二戰前後的日本歷史學界形成熱門話題。

我曾經在《邊關何在》一文中討論過這個問題[二四]。明治以來，特別是在一八九四年甲午戰爭之後，日本對於中國以及周邊的領土要求也越來越強烈。有的日本學者不再把「清帝國」看成是一個「中國」，而是借用歐洲流行的「民族國家」新觀念，把過去所謂的「中

二四　收入《宅茲中國：重建有關中國的歷史論述》（北京：中華書局，二〇一一）。

國」解釋成不同的「王朝」，而這些王朝只是一個傳統帝國，而實際的「中國」只應該是漢族為主體，居住在長城以南、藏疆以東的一個國家，而中國周邊的各個民族，應當是文化、政治、民族都不同的共同體，所謂「滿（洲）、蒙（古）、回（疆）、（西）藏、（朝）鮮」，都只是中國之外的「周邊」。這種觀念如果是一個歷史和學術話題，本來是可以討論的，但它轉化為思想潮流和外交政策，就使得日本文化界和政治界形成了「中國應當強化中央而放棄四裔，日本應當與西方列強爭奪中國周邊控制權」的想法[二五]，也使得他們對滿洲、蒙古、回疆、西藏、朝鮮都產生了「有如國土」的感覺。第二次世界大戰之前的一九二三年，日本著名學者矢野仁一就認為，中國不能稱為所謂「民族國家」，滿、蒙、藏等原來就非中國領土。一九四三年，他更在廣島大學的系列報告中，提出了超越中國，以亞洲為單位的歷史敍述理論[二六]。

當然這都是陳年舊事。但是近年來，日本、韓國與中國學術界出於對「西方」即歐美話語的警惕，往往容易接受「後殖民主義」理論如「東方主義論」的影響，懷着擺脫以歐美為

二五　例如，福澤諭吉一八九八年發表的《十四年前の支那分割論》、中島端一九一二年發表的《支那分割の運命》，酒卷貞一郎一九一七年發表的《支那分割論》等等，都有類似看法。而內藤湖南在一九一四年發表的著名文章《支那論》中，雖然反駁這個說法，但也認為，中國所謂「五族共和」只是空想。

二六　[日]矢野仁一《近代支那論》（東京，弘文堂書房，一九二三）與《大東亞史の構想》（東京，目黑書店，一九四四）。參看後面的討論。

「普遍性歷史」的希望，使這種「亞洲」論述越來越昌盛，他們提出的「東亞史」、「從亞洲思考」、「亞洲知識共同體」等話題，使得「亞洲」或者「東亞」成了一個「歷史世界」。應當承認，重提「亞洲」，在某種意義上說有超越各自的民族國家的政治邊界，重新建構一個想像的政治空間，對內消解「國家中心」，向外抵抗「西方霸權」的意義。但是，從歷史上看，有一些問題需要明確：（一）亞洲何以能夠成為，或者什麼時候可以成為一個可以互相認同、有共同歷史淵源、擁有共同「他者」（歐美或西方）的文化、知識和歷史甚至是政治共同體？（二）當「亞洲」成為一個「歷史」的時候，它會不會在強化和凸現東亞這一空間的連帶性和同一性的時候，有意無意間淡化了中國、日本和朝鮮之間的離心力和差異性呢？（三）從中國歷史研究者立場看，如果過於強調「從亞洲出發思考」，會不會在「亞洲」中淡化了「中國」呢？

三、**台灣的「同心圓」理論**。關於台灣歷史學的討論，最麻煩的是政治化問題，這裏，我盡量從學術角度討論而不作政治價值的判斷。對於「中國」這個議題，台灣方面當然一直有相當警惕，他們對於用現在的中國政治領土來界定歷史中國，有種種批評。他們避免界定一個包括台灣的「中國」，避免一個包含了台灣史的「中國史論述」，試圖超越現代中國政治領土，重新確認台灣的位置。

借着超越民族國家的區域研究風氣，重新檢討中國史的範圍。一些台灣學者提出了「同心圓」的理論，最具代表性的當然是杜正勝先生。在一篇相當具有概括性的論文中，他說，「到一九九〇年代……我提倡的同心圓史觀扭轉『中國主體，台灣附屬』的認識方式」[二七]，他覺得，這是反抗文化霸權，因而試圖瓦解傳統的「中國」論述，這個「同心圓」就是以台灣為中心，逐級放大，第一圈是本土的鄉土史，第二圈是台灣史、第三圈是中國史，第四圈是亞洲史，第五圈一直到世界史。他的論述是建立在把「台灣」從「中國」認同中拯救出來的意圖上的，他認為，過去，台灣是被迫整編進中國論述中的，要增強台灣的族群認同，當然要破除中國文化同一性神話，因為，這種所謂同一性，不過就是在政治權力的霸權下「強迫」實現的。

從歷史論述上看，台灣的凸現，帶來的是中國的殘缺，原來似乎沒有問題的中國論述，在這種「離心」的趨向中，也發生了同樣的「混亂」。二〇〇三年底，在慶祝歷史語言研究所七十五周年的會上，杜正勝一面提倡「超越中國的中國史」，一面提倡「從台灣看天下的歷史視野」。這裏還可以提到一個很著名的例子，當年引起極大爭議的一個話題，就是重新繪製地圖，杜正勝設想，要改變過去橫向東西、縱向南北的地圖畫法，使它轉個九十度，並且以台灣為中心，這樣一來，台灣就不是「中國」的東南「邊陲」，而中國沿海就是「台

二七　杜正勝《新史學之路——兼論台灣五十年來的史學發展》，《新史學》（台北：中央研究院歷史語言研究所，二〇〇二）第十三卷第三期，三九頁。

灣」為圓心的上方的一個邊緣，而琉球以及日本則是台灣右邊的邊緣，菲律賓等就是台灣左邊的邊緣。

那麼，在這樣的歷史與空間敘述中，「中國」是否就被消解了呢？同樣的論述和同樣的問題，似乎也潛在於新疆、西藏、內蒙、東北甚至雲南等等區域的歷史論述之中。

四、「**蒙古時代史**」與「**新清史**」。在過去習慣的關於「中國」的歷史論述中，最不容易被規整地納入「中國史」的，就是蒙元和滿清兩個帝國。這兩個大帝國對於「中國」史學帶來的麻煩，就是它必須超越漢族中國這個中心，採集更豐富的、來自不同立場、不同語言、不同敘述的文獻資料，論述更廣大的地域空間、更多的民族和更複雜的國際關係，這使得傳統的，以漢族王朝為經緯的「中國史」不能勝任這個「北逾陰山，西極流沙，東盡遼左，南越嶺表」的王朝。所以，日本學者本田實信和杉山正明就提出了「蒙古時代史」的觀念，他們認為，用「蒙古時代史」而不是「元史」這一概念，是一個讓世界史也是讓中國史改變面貌的途徑，因為這個歷史不是「中國史」的，而是「世界史」的，跳出以元朝史為中心的中國史，站在更大的世界空間來看歷史，這個做法得到很多學者的支持。

同樣的例子是清史，近年來，美國逐漸形成「新清史」（New Qing History）研究潮流。新清史強調的是，大清帝國不是中國二十四史中的一個王朝史，滿清統治者是包括滿蒙回藏漢以及中亞諸族的大汗，而不是中國傳統皇帝，滿族只是利用了儒家的東西，本質上卻保持着滿族的文化特色和文化認同，所以，滿清帝國和中國並非同義詞，而是一個超越了「中國」的帝國[二八]。如今，流行於歐美和日本的所謂「新清史」，延續了對滿洲或滿族文化獨立性的重視[二九]。他們都強調，清史絕不是清代中國史，尤其是漢族中國史。應該說，他們的論述，一方面延續了過去日本學界有關「異民族統治」或「征服王朝」的論述，一方面包含着當今理論界有關「超越民族國家」、強調「邊緣民族認同」的新理論，它有很深的意義，一是保持雙重民族性的歷史描述，二是強調歷史過程中異族對漢族的反影響，三是否定以現在的或漢族的「中國」，來迴溯以往的歷史。因為在他們看來，從現在中國的疆域、民族和文化來追溯歷史，就會把歷史歸入「中國」。

無論是「蒙古時代史」的視野還是「新清史」的方法，都有它的學術價值，但它的問題

二八 [美] 萬志英（Richard von Glahn）指出，最近的學術思潮，就是把清帝國描繪成一個有意識的、多民族的、殖民的大帝國，以此與明代的封閉和隔離對比，確定清帝國的特徵，並否認清朝「漢化」於「中國文化」。見前引司徒琳（Lynn A Struve）編《世界時間與東亞時間中的明清變遷》（趙世瑜等中譯本，北京：三聯書店，二〇〇九）下冊的序文，一頁。

二九 參看[美] 歐立德（Mark C. Elliot）《滿洲之道：八旗與晚期中華帝國的族群認同》（*The Manchu Way: The Eight Banners and Ethnic Identity in Late Imperial China*）；[美] 柯嬌燕（Pamera Kyle Crossley）《孤軍：滿洲三代家族與清世界的滅亡》（*Orphan Warriors: Three Manchu Generations and the End of the Qing World*）。[美] 米華健（James Millward）《新清帝國史：內陸亞洲帝國在清代承德之形成》（*New Qing Emperial History: The making of Inner Asian Empire at Qing Chengde*）等。特別是請看 [美] 衛周安（Joanna Waley-Cohen）寫的《新清史》（*New Qing History*），這是對「新清史」研究最清晰的介紹，中譯文載《清史研究》（北京）二〇〇八年一期。

是，在否定「漢化」或「中國」的同時，是否也走向了另一個極端，即忽略了在蒙古時期和滿清時代裏，漢族文化的籠罩、影響和延續，對於整個蒙元和大清帝國仍然有着極大的意義？

五、**後現代歷史學**。最後，對於「中國」的挑戰，也來自歐美的後現代歷史學理論。後現代歷史學理論對於「現代性」的批判中，也包含了對近代以來現代民族國家正當性的質疑。特別是，自從「想像的共同體」理論問世以後，對於從現代的民族國家反觀歷史的質疑，深刻地揭示了歷史研究中對於「國家」的誤解，指出我們常常習慣於用現代國家來想像、理解和敍述古代國家。因為，歷史上的國家常常是流動的，空間有時大有時小，民族有時合有時分。

後現代歷史學關於現代民族國家的思路與論據，一方面來自於殖民地經驗[三〇]，如亞洲的印度、巴基斯坦、孟加拉、印度尼西亞等國家，如非洲的大湖區的部族與國家，另一方面來自歐洲的近代歷史，歐洲近代確實有民族和國家重構的普遍現象。可是，中國古代雖然也

三〇 如果把這種理論套用到中國來，就有問題了。杜贊奇（Prasenjit Duara）是印度裔美國學者，印度經歷過英國殖民，南亞被後來硬性劃分為孟加拉一塊、巴基斯坦一塊，例如克什米爾地區，至今也搞不清歸屬，所以我懷疑，印度等地的經驗讓這些學者比較容易接受有關國家的後殖民理論，比如出生於印度的斯皮瓦克（Gayatri C. Spivak），還有霍米巴巴（Homi K. Bhabha）等等。他們站在自身感受、經驗和立場上，闡發後現代史學關於現代民族國家的思路和論據，有他們正確的一面；在這種被撕裂的族群和國家的重建中，確實有按照西方的民族國家，重新建構歷史的現象。但是，這套理論不能拿來說中國，因為始終延續的中國，並不是在近代才重構的新的民族國家。

有分裂，但因為一有覆蓋更廣的「漢文化」，二是經歷了秦漢一統，習慣認同早期的「華夏」，三是中心和邊緣、「漢族」和「異族」有大小之差異，所以，政治、文化與傳統一直延續，所以既沒有所謂傳統「文藝的復興」，也不存在所謂「帝國」的瓦解和「國家」的重建。所以，我們要反過來問，第一，歷史學家是否要考慮與歐洲歷史不同的中國歷史的特殊性？第二，中國尤其是漢族文明的同一性、漢族生活空間與歷代王朝空間的一致性、漢族傳統的延續與對漢族政權的認同，是「偶然的」和「爭議的」嗎？第三，中國是一個在近代（西方的近代）才逐漸建立的民族國家嗎？

我們應當承認，無論是「地方」或者「區域」的論述、「亞洲」或者「東亞」的論述，「台灣中心」或者「大汗之國」的論述，還是所謂「複線歷史」的論述，都給我們研究中國歷史提供了「多點透視」的新視角，使我們意識到，有關「中國」的歷史的複雜性和敘述的現實性[三二]，因此，接受這些挑戰和超越這些理論，重建關於「中國」的歷史論述，就是可以心平氣和地討論的理論話題。

三二 [美] 杜贊奇（Prasenjit Duara）《從民族國家拯救歷史——民族主義話語與中國現代史研究》（*Rescuing History from the Nation,Questioning Narratives of Modern China*）（王憲明中譯本，北京：社會科學文獻出版社，二〇〇三）。我相信，杜贊奇的說法，有他的理論背景與他的個人經驗，我也明白他希望超越民族國家的歷史框架，有一定意義。但是，這一提法會帶來什麼結果？它能夠讓我們更好的理解「中國」嗎？

三、歷史中國、文化中國與政治中國：「中國」對西方近代民族國家理論提出的挑戰

以上各種有關中國研究的立場、理論與方法，給中國學術界帶來很大的衝擊，也使得我們反省「中國」是否可以作為不言而喻的、常識性的「概念」，讓我們重新討論具有文化同一性的「中國」究竟是否存在？

作為一個中國歷史學者，我要再次說明，這個「中國」從秦漢一統王朝之後，儘管有種種分離與變化，但是始終存在。這是由於：

（一）儘管邊緣常常變動，但中央區域卻相對穩定，早已形成一個具有基本疆域和同一性政治、民族與文化的區域，也構成了一個歷史世界。

（二）儘管有「征服王朝」或「異民族統治」時代（如南北朝、五代、蒙元與滿清），異族文化不斷地疊加進入，漢族為主的文化也不斷地發生融合和變化，但是，以漢族文化為主幹的文化傳統，始終在這裏延續[三二]，構成明確的文化認同與文化主流，因此它是一個文明體。

（三）無論哪一個王朝建立，它們都自認為「中國」，也把王朝的合法性納入中國傳統的觀念世界（如五行，如正朔，如服色）。而二十四史、通鑑、十通等等漢文史籍，也反過

三二 日本東亞研究所在第二次世界大戰中，為佔領中國提供歷史經驗而編寫的《異民族統治中國史》（中譯本，商務印書館（內部讀物），一九六四），曾經總結北魏、遼、金、元、清的中國統治，最後衰亡的原因「從異民族的角度看」，最重要的就是統治民族的精神緊張性鬆懈，換句話說就是王朝的漢化。二一〇頁。

來在文化上強化了這種連續性的國家觀念。

（四）傳統文化中自我中心想像的「天下觀念」與依靠禮儀衣冠維持的「朝貢體系」，也增強了中國君主、大臣、知識人、民眾心目中的「中國」意識。

前面我已經提到宋代中國意識的形成。這裏我要再次説明的是，在漢唐盛世之後，接着在宋代，不僅在文化上，在政治、經濟及認同上，也逐漸形成了「國家」意識。由於以下四個重要原因，中國已經在國際環境、領土邊界、貿易經濟、國民認同各個方面，有了初步的「國家」觀念：（一）遼、西夏、金、蒙古相繼存在，對等「敵國」的意識已經形成，《宋史》第一次區分《外國傳》和《蠻夷傳》，説明已經有一個內外分明的「國際」；（二）「勘界」説明有了明確的邊界意識和領土觀念；（三）「邊貿」與「市舶司」現象的出現，説明經濟也有了國家界限；（四）宋代著名的「國是」觀念，以及對異族和異文化的拒絕和對本土文化的強化，已經漸漸形成了近世的國家與認同。儘管前面我們説到，宋代以後的「中國」面臨三重困境，造成很多麻煩，但是，它有文化認同、有共同歷史，有同一倫理，有嚴密的國家機構和政治制度，加上管轄空間基本明確，因此，中國近世國家之形成，並不一定與所謂的歐洲式的「近代性」有關。

特別是，如果我們從文化意義上看，以漢族區域為中心的國家領土與國家意識，使得宋代以來中國的「國家」相對早熟。不僅如此，從由國家、中央精英和士紳三方面合力推動的儒家（理學）的制度化、世俗化、常識化，使得來自儒家倫理的文明意識，在宋代從城市擴展到鄉村、從中心擴展到邊緣、從上層擴展到下層，使中國早早地就具有了文明的同一性。因此，這個幾乎不言而喻的「國家」反過來會成為漢族中國人對歷史回憶、論述空間和對民族、國家的認同基礎。

也正是因為如此，中國的國家形成途徑很「特殊」，或者說，歐洲式的近代民族國家形成途徑很「特殊」。我認為，用歐洲所謂「帝國」或近代「民族國家」的概念與定義，來簡單定義和說明歷史上的中國是有問題的。在中國，至少從宋代起，這個「中國」既具有「傳統帝國式國家」的特色，又具有接近「近代民族國家」的意味，它既像一個很現代的民族國家，又像一個很傳統的文明共同體。因此，把傳統帝國與現代國家區分為兩個時代的理論，並不符合中國歷史，也不符合中國的國家意識觀念和國家生成歷史，更不能理解現代中國有關疆域、民族和國家的種種現象。

很多人相信理論彷彿時裝，越新越好，所以，當來自西方「超越民族國家」的理論影響越來越大的時候，人們會對「國別史」有一種不恰當的鄙夷，覺得在今天仍然堅持國別史研究，好像不僅「落後」，而且有「民族主義」嫌疑。可是，我反過來追問的是，歐洲歷史可以這樣理解，亞洲或中國的歷史可以這樣理解嗎？我們為什麼一定要「從民族國家中拯救歷史」，而不能在「在歷史中理解民族國家」呢？

四、東亞史是否可能？國別史還有意義嗎？

對於歐洲學者來說，「國別史」的寫作可能與近代民族國家形成過程中，通過歷史撰寫來塑造國家認同有關，因此，對於他們來說，在後現代、全球化的背景下「超越現代性歷史書寫」是很有顛覆意義的；對於亞洲與非洲曾經有過被殖民歷史的國家來說，國別史的寫作無疑是在肯定殖民時代的「國家」，因此，對於他們來說，「超越民族國家」的歷史寫作當然天經地義。不過，對於東亞諸國特別是「中國」來說，在重視全球史的同時，也必須強調國別史似乎仍然必要。

為什麼？原因很簡單，歷史不僅僅是文明史，也應當是政治史。在歷史上，文明之間的彼此聯繫與互相影響，與國家之間的政治控制和疆域劃分，其實同時存在。從民族和國家的歷史來看，無論是國家形成的過程，還是國家對於文化的影響，東亞可能與歐洲很不一樣。

第一，東亞缺乏一個可以超越「國家」和「皇權」的普遍宗教（如天主教），作為共同體內互相溝通與認同的平台或媒介，因此，分屬各個國家的民眾缺乏在文化上和信仰上互相溝通與認同的基礎。

第二，雖然中國也曾有魏晉南北朝、蒙古時代、滿清時代的多民族融合，但由於在日本、朝鮮與中國之間，並無大規模的人口移動、族群遷徙和政權交錯，所以，三國之間疆界、民族、文化界限大體穩定與清晰，那些影響政治、形塑文化、構成認同的重大歷史事件，基本上是由「國家」／「王朝」主導的，國家在形塑政治、宗教、文化上的作用相當大。

第三，由於十九世紀之前，這一區域缺乏一個超越國家與民族，可以彼此聲氣相通、聯成一體的知識群體（士人），所以，彼此的國家立場和國別意識相當強烈。

第四，雖然在歷史上，中國曾經居於宗主國和大皇帝的地位，但實際上，中國對於周邊諸國並無全面支配的力量，彼此之間在觀念上有華夷界限（種族），近世以來，各自在漸漸建立思想傳統的主體性（如日本的「國學」、朝鮮的「朱子學」），又在漸漸強化語言的獨立性（諺文或假名、訓讀），更在漸漸構造歷史的獨立性（神代史、萬世一系與檀君傳說）。

因此，我的看法是，至少在近期東亞很難簡單地成為超越國家的「共同體」，國別對於歷史來說，依然重要。因為我們始終要記住，在東亞歷史中，宋、元之後中國、日本、朝鮮其實已經漸行漸遠，特別是十六、十七世紀以後，三國之間的差異其實越來越大，政治、經濟、文化進程與結果，也相當不同[三三]。這就是在全球或者東亞歷史敘述潮流中，為什麼我仍然要特別反過來強調國別史的重要性。

其實，這並不是民族（國家）主義史學的膨脹，而恰恰是對民族（國家）主義史學的警惕。因為這一提倡中包含着一個意圖，那就是對東亞諸國尤其是古代中國歷史中，國家（政

三三　參看第五章的討論。

府）權力過度強大、國族（民族）意識過度膨脹的警惕。儘管我們說，這種警惕主要是針對現實中國而言，但是，現實中國的權力高度集中和政府過於強大，自有它的歷史根源，這種歷史根源仍然需要對古代中國歷史進行追溯和清理。

在中國學界，近來曾經有過對「專制」、「王權」、「封建」等概念的討論，這些討論的目的是認識歷史上的「中國」/「王朝」，在政治、經濟、文化方面是否與其他「國家」存在差異？從錢穆和蕭公權在一九四〇年代的爭論開始，這一爭論延續至今。可問題是，如果僅僅停留在「概念」層面進行「正名」，從「理論」上去「辯證」，可能永遠也不會有真正的結論。所以，我想，人們應當留心中國這樣幾個歷史現象：

一是宗教與皇權的關係。自從東晉「沙門不敬王者論」的爭論在唐代以皇權勝利告終，僧道逐漸由官方管理，儒家忠孝思想與佛教因果報應之說結合，中國宗教無論是佛教、道教還是其他各種宗教，基本上是在皇權控制下（這與日本、歐洲宗教的情況不同）。

二是地方與中央的關係。自從秦代以來國家從封建制轉為郡縣制，軍隊在唐代以後逐漸從藩鎮收歸中央，文化逐漸從地方差異轉為同一取向，地方雖然有離心傾向，但是大體上仍然處在同一的狀態（這與日本諸藩與歐洲中世紀各國的情況也不同）。

三是中國對外的國際關係。華夷觀念影響的中國獨尊觀念與朝貢體制形塑的自大意識，使得「皇帝」不僅是中國臣民的天子，而且是萬國民眾的共主，這種「天下共主」的意識，經由封禪祭天、汾陰祀地等等形式，被不斷強化甚至神化。與西洋與東洋比起來，傳統中「普天之下，莫非王土」這樣的觀念及「天無二日，國無二主」這樣的傳統根深蒂固，所以，中國的「皇權—國家」對於疆土與臣民的控制更是強大[三四]。

四是中國對內的民族關係。歷史上，原本不同的各個種族逐漸混融，特別是到了清代逐漸把滿蒙回藏苗併入版圖，形成眾多民族共同的帝國，並且這個帝國延續到今，使現代中國的「民族國家」仍然延續着傳統中國的「帝國記憶」。

比起日本歷史中的「萬世一系」天皇傳說來，表面上，中國歷史並不能由各個王朝「一以貫之」，但是應當看到，雖然自古以來中國有分裂時期，但自從秦漢統一形成一個強有力的中央政權，到唐宋以後文化同一性漸漸確立，到明代重建漢族為中心的統一王朝，再到大清帝國滿族入關、收編蒙古、改土歸流、平定回部、駐兵西藏定金瓶掣簽，把滿蒙回藏苗漢合為一個大帝國，奠定現代中國版圖，這個「國家」似乎已經被一個「歷史」所敘述，它並不像後現代理論中說的那樣，只是一個「想像的共同體」[三五]。所以在中國，常常可以聽到

三四　這些歷史現象均可以與歐洲和東亞之日本、朝鮮對比，顯然情況與中國不同，宗教（如天主教、佛教）在古代日本或歐洲的地位較古代中國要高，地方（或諸侯、國王、將軍）的力量在古代歐洲或日本也比中國要強，官員或豪強對國王（或皇帝）的制約，古代歐洲與日本也較中國為大。

三五　關於想像的共同體，參看[美]班尼迪克·安德森（Benedict Anderson）《想像的共同體：民族主義的起源與散佈》（*Imagined Communities:Reflections on the Origin and Spread of Nationalism*）（吳睿人中譯本，台北：時報出版公司，一九九九）。

「自從盤古開天地，三皇五帝到如今」和「一部二十五史，從何說起」這樣的話，我們當然覺得這個歷史過於單線條，也過於漢族王朝中心，不過是否需要考慮，為什麼這個「國家」總是被一個「歷史」所敍述？

我贊成全球史的寫作，但不必因噎廢食，把國別史看成是一種陳舊的、保守的或者無用的歷史敍述方式，特別是在重寫政治史的時候。當然，我要鄭重說明的是，在中國歷史敍述中，這個「國別史」的歷史敍述空間雖然是「國家」，但它並不按照現代民族國家的邊界、族群、政治來倒推「歷史」，因此，它不一定要像杜贊奇（Prasenjit Duara）所說的那樣，需要「從民族國家中拯救歷史」[三六]，只要這個國別史中的「國家」並不固守一個不變的邊界來敍述故事，也不把「歷史」限制在一個從現代國家逆向追溯出來的邊界之內。比如中國史中的「中國」，我已經再三說明：「歷史上的中國，是一個移動的中國，因為不僅各個王朝分分合合是常有的事情，歷代王朝中央政府所控制的空間邊界，更是常常變化」[三七]，更何況這個「中國」中的王朝、族群、邊界，始終在歷史中變遷、交錯與融匯。我想，如果國別史的撰寫者，看到「民族」和「國家」本身的歷史變遷，就不會落入後來的「國家」綁架原先的

三六　參見前引[美] 杜贊奇（Prasenjit Duara）《從民族國家拯救歷史》（*Rescuing History from the Nation:Questioning Narratives of Modern China*）。

三七　參看《宅茲中國》三一頁。

「歷史」的弊病之中。這樣，國別史的書寫，在中國就仍然有意義。

結語：在歷史、文化與政治的不同維度上理解「中國」與「中國史」

在《宅茲中國》一書中我已經指出，在重建有關「中國」的歷史敘述中，有三點特別值得重視，請允許我在這裏再次重複——

首先，在歷史意義上說，「中國」是一個移動的「中國」，因為不僅各個王朝分分合合是常有的事情，歷代王朝中央政府所控制的空間邊界，更是常常變化。千萬不要簡單地說，某某地方「歷史以來就是中國領土」[三八]。

其次，在文化意義上說，中國是一個相當穩定的「文化共同體」，這是作為「中國」這個「國家」的基礎，尤其在漢族中國的中心區域，這是相對清晰和穩定的，經過「車同軌、書同文、行同倫」的文明推進之後的中國，具有文化上的同一性，過份強調「解構中國（這

三八　關於這一點，我們可以看譚其驤編《中國歷史地圖集》中反映的各個時代疆域大小不同的「中國」。因此，一方面，不必以現代中國的政治邊界來反觀歷史中國，高句麗不必是「唐王朝管轄下的地方政權」，吐蕃也不在當時「中國（大唐帝國）版圖」，現在的東北、西藏雖然在中華人民共和國政府控制範圍內，但是，歷史上它們卻並不一定是古代中國的領土；另一方面，也不必簡單地以歷史中國來看待現代中國，不必覺得歷史上安南曾經內附、蒙古曾經由清帝國管轄、琉球曾經進貢，就覺得現在無法容忍和理解現代越南的獨立、外蒙古與內蒙古的分離，和琉球最後歸於日本，同樣，也不必因為原來曾經是高句麗的東北地區，現在歸入中國版圖，而覺得傷害了朝鮮的民族感情。

個民族國家）」是不合理的[三九]。

再次，從政治意義上說，「中國」常常並不等同於「王朝」，也不是指某一家「政府」。政府即政權是否可以等於「國家」，國家是否可以直接等同於「祖國」？這是一些仍然需要明確的概念。政治認同常常會影響文化認同，甚至抹殺歷史認同，至今，還有人不自覺地把政府當成了國家，把歷史形成的國家當成了天經地義需要忠誠的祖國，因此，產生了很多誤會、敵意、偏見。

三九 至少在宋代起，中國在文化上已經漸漸形成了一個「共同體」，這個共同體是「實際的」，而不是「想像的」。

第一章 世界觀：從古代中國的「天下」到現代世界的「萬國」

引言：《坤輿萬國全圖》象徵古代中國將走進近代世界

二〇〇一年的秋天，去意大利駐北京大使館看一個關於傳教士與中國的展覽。我佇立在那個不大的展覽廳，凝視着一幅叫作《坤輿萬國全圖》的世界地圖，那上面有五大洲，有四大洋，也有着奇奇怪怪的異獸怪魚，剎那間我彷彿回到歷史[一]。千萬不要小看這幅地圖，這幅地圖是一個歷史標誌，象徵着在古代中國的觀念世界的一個大變化。什麼大變化呢？就是中國人長久的以自我為中心的「天下」，由於這幅地圖的影響，漸漸變成了「無處非中」的「萬國」，從此，中國要生存在這萬國林立的「世界」上。如果說，現在是「全球化」的時代，那麼，「全球化」從這幅世界地圖給中國人展示一個「萬國」圖像時，可能就已經悄悄地開始了。

一　見洪煨蓮（業）《考利瑪竇的世界地圖》，載《洪業論學集》（北京：中華書局，一九八一）。現在這幅地圖的精細研究，有黃時鑑、龔纓晏：《利瑪竇世界地圖研究》（上海，上海古籍出版社，二〇〇四）。

原來這幅地圖是裝在六扇屏風上的，年代長了，屏風架子沒有了，原來分在六扇屏風上的地圖，被後人綴合成了這麼大的一幅。據專家研究，這幅屏風地圖，是四百多年以前根據一個叫利瑪竇（Matteo Ricci）的傳教士畫的世界地圖《山海輿地圖》重新繪製出來的。利瑪竇是來自意大利的耶穌會士，本不是地圖學家，有人考證説，這幅地圖是他根據歐洲人奧代理（Abraham Ortelius）的世界地圖繪製出來的，所以仍然很精確。二〇〇〇年，我曾經特意去比利時安特衛普去參觀當年印刷奧代理地圖的工廠，也看到當年出版的各種地圖，知道四五百年前歐洲人的世界知識，隨着他們的航船環行，已經相當發達，連傳教士也學到了這些新知識。生活在那個知識世界的傳教士把它帶到中國，其實只是「無心插柳柳成蔭」。當年，利瑪竇其實想的並不深，只是覺得這是一個可以取悦於好奇的士人和官員的途徑，使天主教傳教士可以更容易地進入中國，享有更大的傳教自由。雖然，他也想到了用萬國圖來破除中國人的自大，但還沒有更深入地往下想，也絕對沒有想到他的地圖在思想世界的深遠影響。

可是，在閱讀世界地圖的中國人心中，卻常常會生出相當深刻的聯想，讓古代中國人開始隱隱約約地意識到，原來天下還有這麼大，國家還有這麼多，我們中華，原來並不像想像的那麼大。

一、近代西方人的世界觀和古代中國人的天下觀

說到這裏，也許你會問我，在利瑪竇地圖繪製出來以前，中國人是怎麼看世界的？且慢，你要知道，漢魏以前的古代中國人通常不說「世界」，「世界」是佛教的詞，古代很長的時間裏面，漢族中國人通常說的是「天下」，就是「溥天之下，莫非王土」的那個「天下」，「天下」就是天底下的那個「世界」。

現在，每一個稍有知識的人當然都知道，世界很大，地球是圓的，中國只是在亞洲，東半球與西半球相對，大海對岸有另一些國家，到另一些國家去，要辦理護照和簽證。可是，這都是現代的事，是哥倫布（Cristoforo Colombo, 1451–1506）發現新大陸、麥哲倫（Fernando de Magallanes, 1480–1521）環遊世界以後的事情了。近代的「國家」觀念的形成與「世界」圖像的確立，是很晚的事情，在十四、十五世紀之前，至少中國人並不這麼理解國家和世界。說起來，歐洲人哥倫布發現新大陸，麥哲倫環繞地球航行，有人說是殖民主義，有人說是文明推進，也有人說是地理大發現，有人說那地球本來就在那裏，又有人住，什麼叫發現，充其量就是歐洲人到達那裏，這當然有點像是後殖民理論的說法。可是，無論現在看上去有多少爭論，在過去幾百年裏，它都被認為是歷史上最值得驕傲的大事件。因為這象徵着人類終於完整地認識了自己居住的這個「地球」、這個「世界」。而且，特別是從西方人的眼睛裏看去，看到了世界上原來還有各種各樣的文化和傳統、有各種各樣不同的民

族和地域。

這對於西方人來說很重要。因為：第一，他們關於世界的知識系統中終於有了一個完整的球形的世界圖像，對自己所生活的這個地球的完整認知，對於人來說是很重要的；第二，他們在異地民族文化傳統的比較中，確立了自己的處於中心的或較高的地位，在他們的知識系譜中，特別是在當時普遍的追求富庶、文明的價值觀中，由於有了「未開化民族」、「東方人」、「蠻族」等等「他者」（the others），於是，確立了西方人自己的世界中心與顛峰地位；第三，由於對自己的地理與文化位置的確認，使西方充滿了把握世界的自信心。我們知道，人不能單獨地觀察自己，就像人要照鏡子一樣，要確立自己的位置和形象，就要借助其他的東西，就要照鏡子，而就連鏡子，也要靠那層不透明的膜來反射，才能映照物體，西方人在擴張的時候發現的異文明，對他們來說，就像是找到了一個鏡子，看看其他民族和文明，然後再看看自己，這時就發現自己長的如何，是醜還是美，在沒有認識其他人之前，對自己是不會知道得那麼清楚的。西方為什麼會發展起人類學來，就是這個原因。所以，這三點在近代西方知識史上，在確立自身價值的意義上是很重要的。

反過來看中國，也很有意思。古代中國人很早也曾經有過一種讓中國人很自豪的世界觀，大約是在兩、三千年前，雖然那時古代中國人還沒有完整地到達世界各個角落，但是，古代中國人也在自己的經驗與想像中建構了一個「天下」，他們想像：第一，自己所在的地方是世界的中心，也是文明的中心；第二，大地彷彿一個棋盤一樣，或者像一個回字形，四邊由中心向外不斷延伸，第一圈是王所在的京城，第二圈是華夏或者諸夏，第三圈是夷狄。大約在春秋戰國時代，形成了與南夷北狄相對應的「中國」概念；第三，在這個「天下」中，地理空間越靠外緣，就越荒蕪，住在那裏的民族也就越野蠻，文明的等級也越低，叫做南蠻、北狄、西戎、東夷[二]。

那麼，接下來的問題就是，這個「天下」圖像是怎樣製造出來的呢？

二、九州和五服

我們來看看古代中國文獻是怎麼記載的。

在《尚書·禹貢》中有「九州」，《國語·周語》中有「五服」。「九州」就是冀州、兗州、青州、徐州、揚州、荊州、豫州、梁州、雍州，大體上，如果上北下南來看地圖的話，是順時針方向從北向東、向南、再向西，劃出了一塊地區，這個地區大約包括的只是今河北、山東、江蘇、湖北、湖南、河南、四川、陝西、山西這一圈，這就是古代中國人的

二　關於古代中國的「天下」知識與觀念，可參看邢義田：《天下一家——傳統中國天下觀的形成》，載其《秦漢史論稿》（台北：東大圖書公司，一九八七）一－四一頁。羅志田：《先秦的五服制與古代的天下中國觀》，載其《民族主義與近代中國思想》（台北：東大圖書公司，一九九八）一－三四頁。葛兆光：《天下、中國與四夷》，載王元化主編《學術集林》（上海遠東出版社，一九九九）第十六卷。

「天下」，大體上是現在純粹的漢族區域。據說，這是大禹治水的時候，他的關懷所在的那個空間，它和「華夏」好像可以重疊，所謂「夏」就是「雅」，什麼是「華夏」呢？就是古代中國人相信比較文明的地方，這就是「天下」[三]。「五服」是說，除了東周那個時候「王」所在的洛陽一帶為「中心」以外，環繞着中心即「王畿」的，是五百里「甸服」，甸是郊外之郊外，古都城外百里為「郊」，「郊」外為「甸」；五百里「侯服」，就是封侯管轄的地方，像封商的後代在商丘建宋國，封姬姓在河南為鄭侯，封姜姓在山東為齊侯等等；五百里「綏服」，「綏」本指車上用以拉扶的繩子，這裏指安撫，所以有「綏靖」這個詞，「綏」好像車邊的繩子，可以扶着，但不可以依靠；五百里「要服」，「要」是約定，只是由雙邊盟誓或者協議來管轄，實際上王對他們有些睜一隻眼閉一隻眼；此外就是五百里「荒服」，「荒」就是說，這裏是荒蠻之地，好像可以讓它們自由自在，反正也離得遠了。這樣，五百里出去，就有五千里方圓的地方，這就是古代中國人想像的一個類似於「回」字形的大地。

《禹貢》大約是戰國人的作品，《國語·周語》大概也是那個時代的作品，可見，「九

三　《尚書·禹貢》，《十三經注疏》（北京：中華書局影印本，一九七九）一五三頁下。又，《國語·周語上》祭公謀父語，上海古籍出版社，一九八八，一九九五。四頁。參看葛兆光《中國思想史》（上海：復旦大學出版社，二〇〇四）第一卷第一編第五節《後世思想史的背景：儀式、象徵與數字化的世界秩序》。五二頁。

州」和「五服」這個想法，大約到戰國時代已經很普遍，於是，這時開始有了一個早期漢民族的共同空間。稍晚一點的《周禮．夏官．職方氏》更添油加醋地想像，有一個機構專門管理國土，而且把這個「五服」擴大成了「九畿」（國畿之外，有侯、甸、男、採、衛、蠻、夷、鎮、藩）[四]。不過，這並沒有改變這種從中心向邊緣，逐漸延伸的空間結構，也沒有改變這種從中心到邊緣，文明等級逐漸降低的觀念，請看後面的幾個名稱：「蠻」、「夷」、「鎮」、「藩」，就越來越有瞧不起的意思，蠻夷就不消說了，後面的「鎮」是「壓服」、「威服」的意思，「藩」就是扎的藩籬，引申為「屏障」，意思是邊界要扎籬笆，因為外面就不是文明人住的「世界」了。

大概很多讀者都聽說過，古代中國有《楚辭》、《莊子》、《穆天子傳》、《山海經》這些書，這些古代的書裏常常會想像中國周圍的世界，像什麼西面的昆侖、東面的蓬萊、周穆王去西面昆侖山見了西王母，有人到東面的蓬萊仙島就得到了長生不死藥，這裏面最有意思的是，很多人都看過或聽說過的《山海經》。《山海經》記載的就是一個古代人想像的世界，各地有各種各樣古怪的事物，什麼奇肱國的飛車，襶山的飛魚、東海流波山的一足之夔[五]，這種想像一直到明代人編的類書《三才圖會》和清代人李汝珍寫的小說《鏡花緣》還

四　《周禮注疏》（北京：中華書局《十三經注疏》影印本，一九七九）卷二十九，八三五頁。

五　袁珂《山海經校注（增補修訂本）》（成都：巴蜀書社，一九九三），二五七、一五三、四一六頁。

有，比如什麼君子國、大人國、毛民國、深目國等等。但仔細一看，原來這個想像的空間世界，還是一個中心與四方構成的大地。據說，《山海經》原來是有圖的，陶淵明有首詩就說「泛覽周王傳，流觀山海圖」[六]，現在的《山海經》傳說就是「山海圖」的解說文字，這部書的文字所記載的，分別是山（南山、西山、北山、東山、中山）、海內（海內南、海內西、海內北、海內東）、海外（海外南、海外西、海外北、海外東）、大荒（大荒東、西、南、北），也就是說，如果現在還能看到原來的山海圖的話，它還是一個以中山為中心，四周山，再外是海內、海外，邊緣是「大荒」的方形的宇宙。

邊緣的民族，是北狄、西戎、東夷、南蠻，在中央華夏人看來，反正都是野蠻人。

三、天圓地方：空間的想像

那個時代的中國人，沒有到過四方更遠的地方？我們不知道，有人說是有的，但至少在文獻記載裏沒有。可是，沒有去過更遠四方的他們，怎麼知道大地就是這樣的呢？我猜想，這個觀念可能來自古代中國人關於天地的想像。古代中國人相信「天圓地方」，在他們的想像中，天是圓的像一個斗笠一樣，覆蓋在大地上，中心是北極和北斗星的位置，大地是

六　逯欽立校注：《陶淵明集》卷四（北京：中華書局，一九七九），一三三頁。

方的，就像棋盤，中心是洛陽一帶。《周髀算經》裏就這麼說的[七]，《呂氏春秋》也這麼說的，這叫「大圜在上，大矩在下」[八]。在有名的漢代武梁祠畫像石裏面，就有「伏羲女媧」像，伏羲拿矩，女媧拿規，一個畫方形的大地，一個畫圓形的天[九]，儘管方的大地和圓的天穹好像蓋不上合不攏，所以也曾有人置疑說，如果是這樣的話，那麼大地的四隻角，不就露在外面了？或者全部蓋住的話，豈不是有的地方又有天無遮蓋麼？可是，儘管如此，人們一致相信這種觀念。

道理很簡單，因為這和他們關於「天」的視覺經驗，關於「地」的想像推測一致。你看，白天看太陽，晚上看月亮、星星，都在從東向西，或者說從右向左，環繞一個北方的「軸」在轉，可不是天如「蓋笠」嗎？所以，很多古代關於天地的最重要的東西都是模仿這種空間的。舉一些例子：古代用來占卜並且模擬天地的「式盤」，是天盤圓、地盤方這種形狀；古代的棋盤、博局也是這種形狀，現在圍棋的中心還叫「天元」，祭祀天地的明堂、圜丘，也是這種形狀，連古代王宮也是從中心向四邊擴展的，古代都城也是這種由都城中心向四廓延伸的形狀。因此，古代中國人的觀念上，總認為自己所處的中央，在文明的位置上高

七 《周髀算經》卷下，錢寶琮校點：《算經十書》（北京：中華書局，一九六三），五四頁。

八 《呂氏春秋．序意》，《二十二子》（上海：上海古籍出版社影印清光緒年間浙江書局本，一九八五），七二六頁。

九 [美]巫鴻著，柳揚、岑河譯：《武梁祠》（北京：三聯書店，二〇〇六），二六四－二六六頁。

於四裔，而四邊無論是文明還是在財富上，都遠遠低於中央，應該受到中央的制約與管轄，古代中國人相信，什麼是天下？這就是「天下」，「中國」就是應該傲視「四夷」，中國文明就是應當遠遠地輻射和教育四邊的戎夷狄蠻。

這並不奇怪，西人說「無處非中」，There is no background and no center in the world，大凡人都是從自己的眼裏看外界的，自己站的那一點，就是觀察的出發點，也是確定東南西北前後左右的中心，離自己遠的，在自己聚焦關注的那一點後面的，就是背景，我是你的視點，你也可能是我的焦點，但是，可能你也是另一個東西的背景，我也可能是他的背景。古代中國人站在中原江河之間，他們當然要以這一點為中心，把天下想像成一個以我為中心的大空間，更何況那個時代中國文明確實優越於他們周圍的各族。

四、四方復四方：從談天衍的想像到張騫的鑿空

話說回來，古代中國也有人對這種世界圖像有懷疑，也曾經大膽幻想過，外面是不是有一個更廣袤的世界？據說，戰國時代有一個後來被稱為「談天衍」的人叫鄒衍，他是齊國人。後來人常常說，齊國臨海，海闊天空，可能想像的空間會大一點兒，所以他有「大九州」的說法[一〇]。鄒衍想像，中國這個「九州」只是天下八十一分之一，叫「赤縣神州」，它

一〇 鄒衍的說法，見《史記》卷七十四《孟子荀卿列傳》，二三四四頁。

的外面還有八個州，這才是一個大九州，外面有海環繞，而在這個九州之外，還有八個「大九州」，各有海環抱，這才是整個天下。這種想法到底有沒有根據，是鄒衍的想像，還是一些傳聞？我們不清楚。也許，古代中國早就與世界有了各種各樣的交往，《逸周書》裏就有《王會》一篇，描寫四方異族的聚會[一一]，西晉出自汲郡魏襄王墓的竹簡《穆天子傳》（約戰國中期）也記載周穆王到西域與西王母會面[一二]，這裏面是不是有真實的交通背景？確實很難說。不過，很奇怪的是，這種想像並沒有改變中國人的天下觀，從先秦到秦漢，古中國人還是自居天下之中，居高臨下地俯視着四邊的蠻夷。

這種情況到漢代，曾經出現過一個轉變的機會，這是一個很重要的機會。公元前一三八年到前一二六年，也就是漢武帝建元三年到元朔三年，張騫奉命出使西域，經歷千辛萬苦之後，回到漢帝國，曾把他親歷過的大宛（今塔什干附近）、康居（今塔吉克斯坦、阿塞拜疆、烏茲別克斯坦及哈薩克斯坦南部）、大月氏（今帕米爾高原以西、阿富汗境內）、大夏（今印度西北、巴基斯坦、克什米爾附近），以及他聽說過的烏孫、安息（伊朗境內）、條枝（敘利亞一帶）、身毒（印度）的情況，介紹回來[一三]。應該說，這件事兒很重要。第一，

一一　黃懷信等《逸周書匯校集注》（上海古籍出版社，一九九五）卷七《王會解第五十九》，九八五頁。

一二　《穆天子傳》（上海：商務印書館，一九三七年），「叢書集成初編」第三四三六冊。

一三　《史記》卷一百二十三《大宛列傳》，三一五七—三一六〇頁。

它把中國人對於周邊世界的實際知識，從東亞擴大到了東至日本、朝鮮，北到蒙古及西伯利亞、南到南海、東南亞，西到巴基斯坦、阿富汗、敍利亞、印度、伊朗一帶。也就是說，大體上漢朝的中國人已經了解到今天整個亞洲甚至更廣的一個區域，過去可能了解的，只是現在的東亞地區（比如日本和朝鮮，日本九州出土過漢代賜給倭國王的金印，說明很早中日有過交往）。第二，它刺激了中國人與外部世界的交流與探索的欲望，在張騫出使西域以後，還有張騫通西南、東漢班超、班勇開拓西域交通，甘英到達波斯灣等等舉動。第三，觀察不同經濟與文化的背景與舞台，開始由中原的漢帝國變成了整個亞洲甚至歐、亞之間，絲綢之路的開拓和後來佛教的傳入，更是在這個背景下進行的，從此以後，中國的歷史就成為世界的，至少是亞洲的歷史了。

不過可惜的是，不知道為什麼，這並沒有真正改變古代中國人根深蒂固的「天下觀」。漢代以後，雖然張騫、班超、甘英和很多人都到了很遠的地方，但是，中國人想像的「天下」，還是以「中國」為中心，最多加上一些日益擴大的「四夷」。但是這幅天下圖像，只是中心明確，四邊卻很模糊，這是中國人的世界圖像，雖然印度、阿富汗、伊朗、巴基斯坦等中亞與西亞加在一起，再算上日本、東南亞、朝鮮，以及北邊草原的廣袤土地，遠遠比中國要大得多，但從漢到唐，中古的中國人仍然覺得，他們彷彿在文化上無聲無息，所以，沒有覺得外面有個另外的「世界」。

五、知識和觀念的分離：固執的中國天下觀

很長時間以來，古代中國人對這個「天下觀念」一直很固執，為什麼固執？我想原因可能是，除了佛教以外，中國從來沒有受到過真正的外來文明挑戰，所以中國人始終相信，自己就是天下的中心，漢文明是人類文明的頂峰，周邊的民族是野蠻民族，不遵循漢族倫理的人是需要拯救的，能夠拯救就把它們算成華夏之民，拯救不了就只能把他們隔離開來。一般來說，中國人不大用戰爭方式來一統天下，倒是常常覺得憑着文化就可以「威服異邦」，這叫「懷柔遠人」。

不過，有時候中國人控制不了局面了，所以，反過來也有些怨懟，怨懟之後便生出一些氣憤。所以在西晉的時候，有個叫江統的人，曾經寫過一篇《徙戎論》，想把漢族和其他民族在居住空間上分開[一四]，可是，這種區分華夷的想法，好像影響並不大。我們要知道，古代中國人的「中國」常常是一個文明的空間，而不是一個現代的、有明確邊界的國家。所以，凡是周圍的國家，中國人就相信他們文明等級比我們低，應當向我們學習、進貢、朝拜。像古代很愛畫的《職貢圖》，畫的是各邊緣民族的代表向中央王朝進貢，總是把中國人的皇帝畫得特別大，而外族人的使節就很矮小。而古代的各種地圖，像宋代留下來的那幾幅圖，有的叫「華夷圖」，就是華夏加上四夷，有的叫「輿地圖」，就是說車可以通的地方都算上，

一四 《晉書》卷五十六《江統傳》，一五二九–一五三四頁。

有的叫「地理圖」，就是所有的地理。但是你看一看，在這些地圖裏面，主要還是以中國為中心的一圈，雖然有時也把周邊國家畫上，但畫得也很小，小得好像它們真的是依附在我們這個大國身上的「寄生物」一樣。

這和中國人的實際世界知識沒有關係。我們知道，漢代張騫以後，已經打通了歐亞大陸交往的道路，商隊和僧侶也穿梭往來於東西之間[一五]。到了唐代中國，與外界交往更多，連首都長安都住了十萬「胡人」，像「昆侖奴」即黑人奴隸，像「胡旋舞」即外國的舞蹈音樂，像「胡服」就是外國時裝，都已經很流行了。更晚的時候，像蒙元帝國的疆域，幾乎無遠弗屆，當時從阿拉伯來的札馬魯丁也製造過「地球儀」，並且畫了經緯線，說明了地球是「三地七水」[一六]。到了明代初期永樂年間，三寶太監鄭和率船隊下西洋，儘管我們並不相信一個叫孟席斯（Gavin Menzies）的英國業餘歷史學家所說的，鄭和發現新大陸[一七]，但是，鄭和至少已經到了非洲的東岸，他的實際經歷的空間，也遠遠超過了中國本土無數倍，人們知道的各種文明的情況也已經很多。

一五 [日] 桑原騭藏：《佛教の東漸と歷史地理學上における佛教徒の功勞》，載《桑原騭藏全集》（東京：岩波書店，一九六八）第一卷，二九三–三三四頁。

一六 《元史》卷四十八《天文》，九九九頁。

一七 [英] 孟席斯（Gavin Menzies）《一四二一：中國發現世界》（*1421: The year China Discovered the World*），鮑家慶譯，台北：遠流出版社，二〇〇三。

但有趣的是，古代中國關於「天下」、「中國」、「四夷」的思想與想像，卻始終沒有變化。

六、佛教沒有征服中國，但是佛教曾經給了中國一個機會

歷史學家當然不能想像歷史重演，不過歷史學家也是普通人，有時也會設想一下「如果歷史……」，當我回頭看中國古代史的時候，也覺得古代中國的天下觀念，其實可能有過一次徹底改變的機會。

我們知道，有國際認可的明確疆界，有國家的主權觀念，也就有了「民族—國家」，這是近現代的事情。古代中國也有「國家」這個詞，漢代銅鏡背面銘文有很多「多賀國家人民息，胡虜殄滅天下服」這樣的銘文[一八]。不過，就像我們前面提到的，大體上說來，古代中國的「國家」是中心明確、邊界模糊的一個「文化概念」。「凡我族類，其心必同」，就是說凡是和我一個文化的，都可以是一個國家，而且國家和天下也不是一個特別清楚的東西。「非我族類，其心必異」，凡是和我文化有差異的，就是四夷，不屬一個國家，甚至不是一個天下，叫作「不共戴天」。它的認同標準是「心同」，陸九淵說「四海之內，心

一八　銅鏡銘文，見林素清《兩漢鏡銘所見吉語研究》，見國立政治大學中文系編《漢代文學與思想學術研討會論文集》（台北：文史哲出版社，一九九一）。一七二頁。

同理同」[一九]，這是天下一家的普世主義，它的認同標準是文化。所以，邊界的法律劃定是無關緊要的。漢代成書的《禮記．王制》裏說，「中國、戎夷、五方之民，皆有性也，不可推移」[二〇]。凡是文化上被認同的，都可以劃進來作為華夏的藩屬，都是一個「天下」，因為「普天之下，莫非王土，率土之濱，莫非王臣」。凡是文化上不服從的，始終「異邦異俗」，也就算了，就當你不在「天下」之內。所以，在古代中國，國家/文明/真理是重疊的，可以說，「天下一家」、「海內有知己」、「四海之內皆兄弟」，這些說法背後，一方面是中國中心主義的特殊主義，一方面是普遍主義的世界觀，既是只有一個文明中心的世界觀，又是文明普遍適用，道理放之四海皆準的世界觀。

可是，儘管從漢代以來，就有大量外來文化、知識和物品的輸入，也一直有深目隆鼻的異域人進入中國，儘管如此，但它們並未對中國固有文明產生根本性衝擊。原因很複雜，簡單說，一方面，歷史上的「中國」疆域變化雖然很大，但大體上是以漢族居住的「九州」為中心的，東臨大海，西為高原與雪山，北為冰天雪地，加上有匈奴、突厥、契丹、女真以及後來的滿族，南為叢林，很容易形成封閉「天下」觀。另一方面，通常像中國這樣文明史很悠久的國家，只有出現另一種高度發達、可以與華夏相對抗的「文明」，才可能對中國傳統

一九　參看陸九淵《陸九淵集》（北京：中華書局，一九八〇）卷二十二《雜著》，二七三頁。

二〇　《禮記正義》卷十二，《十三經注疏》影印本，一三三八頁。

發生根本的影響。

從東漢以後傳到中國來的佛教，就給中國帶來了一個根本性的震撼，這就是，世上竟然還有兩個以上的文明中心。在佛教的根本道理中，有三條就是中國文明根本不能兼容和接受的：第一，宗教權力是可以與世俗皇權並立的，並佔有社會等級與價值的優先位置，宗教徒可以不尊敬皇帝，不尊敬父母，但不能不尊重佛、法、僧三寶；第二，天下之中心必然「立竿而不見影」，傳統中國也相信，日中無影才是天之中也，可是，按這個道理，這個「日下無影」的天下之中不是在中國，而是在印度；第三，最高的真理，最優秀的人物與最正確的生活方式不在儒學而在佛教，佛教是更高的「文明」，至少也是另一種並立於世間的「文化」與「文明」[二一]。

這些說法，漢族中國哪裏能接受，如果接受了，中國就大變了，就不是現在的這個中國了。

七、佛教觀世界和佛教世界觀

大家都知道，後來佛教中國化了，不僅「三教合一」，甚至屈服於中國主流意識形態與

二一　參看葛兆光《周孔何以不言？——中古佛教、道教對儒家知識世界的擴充與挑戰》，《中國史新論——思想史分冊》（台北：聯經出版公司，二〇一二）。二五一－二八二頁。

儒家學說。但是，大家應當記住，它曾經使中國文明天下唯一的觀念受到衝擊，在佛教傳來的時候，一些中國人不能不承認「華夏文明不是唯一」，「中國不是天下正中」，這本是一個重新認識世界的機會。特別是佛教關於世界的觀念，從根本上和中國的大大不同：

在佛教的世界知識體系中，世界並不是以中國為中心的一大塊，而是四大洲，中國只是在其中一洲。據說，在世界中心須彌山四周，圍繞着四大部洲，而中國所在的只是南瞻部洲，此外還有東勝身洲、西牛貨洲、北俱盧洲。據《大樓炭經》、《法苑珠林》等書所說[二二]，日、月、星辰都圍繞於須彌山中，普照天下，四大洲各有二中洲與五百小洲，四大洲及八中洲都住的有人，二千小洲則或住人或不住人。其中，據說北洲的果報最勝，樂多苦少，壽命千歲，但那裏不會出現佛陀這樣的偉大領袖；南洲的人民勇猛、強記，但是有業行，也能修梵行，所以會有佛出世；東洲的空間極廣大，而西洲則多牛、多羊、多珠玉。在佛教的文獻中，還可以看到，佛教講有「四天子」。法國一個有名的學者伯希和（Paul Pelliot, 1878–1945）寫了一篇《四天子說》就說到，佛教想像中的南瞻部洲上有八國王，四天子[二三]。東面有晉天子就是中國皇帝，南面有天竺國天子，就是印度國王，西有大秦國天

二二　參看西晉法立、法炬譯：《大樓炭經》卷一，《大正新修大藏經》第一卷，二七七頁。《法苑珠林》卷二《界量部第五》，《大正新修大藏經》第五十三卷，二八〇-二八一頁。

二三　[法] 伯希和《四天子說》，原載《通報》（*T'oung Pao*）一九二三年，中譯文載馮承鈞譯《西域南海史地考證譯叢》（北京：商務印書館重印本，一九九五）第一卷第三編，八一-一〇三頁。他指出，《十二遊經》這

子，大概應當是羅馬帝國皇帝，西北有月支天子，應該是貴霜國王。那時，印度佛教徒曾想像，南瞻部洲上有「四王所治。東謂脂那，主人王也，西謂波斯，主寶王也，南謂印度，主象王也，北謂獫狁，主馬王也。」這大概也傳到中國，在唐代的道宣編的《續高僧傳》裏面，在說到那個去印度取經的玄奘時就提到了這個傳聞[二四]。

特別是，宗教自有宗教的立場，因為佛教是從印度經過中亞或南亞傳來的，所以一般來說，佛教信仰者或明或暗都會反對中國作為唯一中心的世界觀念。這道理很簡單，如果中國是唯一的，那麼佛教的印度怎麼辦？既然真理出自印度，那麼印度應當是中心。可是，在中國就不能說這個話了，只好說有印度、中國兩個中心，或者說有印度、西域、中國三個中心，或者說有波斯、印度、中國和獫狁四個中心。這個世界圖像，就和傳統中國只是圍繞中國中心這個「天下」的不一樣了。以前說，「國無二主，天無二日」，這下就不同了。所以，我們目前唯一看到的，古代中國不以中國為天下唯一正中的世界地圖，就是佛教的《佛祖統紀》中的三幅圖，在宋代以前，這表現了極罕見的多元世界觀，它的《東震旦地理

一段話，似乎不見於今本，而見於《經律異相》卷三（五一六年成書）、《法苑珠林》卷四十四（六六八—六七一年成書）。

二四　見道宣所撰的《續高僧傳》卷四《玄奘傳》（六五〇年成書），載《大正新修大藏經》第五十卷，四五四頁；同是道宣的《釋迦方志》中也有「四主」的說法，但指為胡國、突厥、振旦、印度。

圖》、《漢西域諸國圖》、《西土五印之圖》就構造了三個中心的世界[二五]，這也曾經給中國人提供了改變世界觀的資源。

各位要注意，這和中國的天下觀念就不同了，中國不是唯一的天下中心了，這倒是和以前鄒衍說的「大九州」有一點像，所以，後來這種四洲、九州的說法，在很晚很晚的時候，倒成了中國人接受新世界圖像的一個資源。不過，遺憾的是，雖然佛教已經帶來了這個世界圖像的新資源，接着，蒙元時代的回回（阿拉伯）人也帶來了更加廣大的新世界地圖，使得中國人關於周圍世界的實際知識已經遠遠超越了古代「五服」、「九州」或者所謂「華夷」[二六]，但是，這種衝擊並沒有從根本上動搖中國人的世界觀，而是要再過幾百年，直到已經充分世界化了的十六世紀，西洋人來到中國，這種情況才有了改變[二七]。直到萬曆十二年

二五　《佛祖統紀》卷三十一，《大正藏》第四十九卷，三〇三頁。

二六　現在，有一幅收藏在日本，由明代初期李朝朝鮮繪製，源於元代中國兩幅地圖，而世界地理知識又可能來自阿拉伯人的《混一疆理歷代國都之圖》，就說明十三—十四世紀中國人的世界知識已經相當豐富，此地圖描繪的「世界」，東起朝鮮和日本列島，東南繪出了麻逸(今菲律賓的呂宋島)、三嶼(今菲律賓的巴拉旺島)等島嶼，西南繪有渤泥(婆羅乃)，三佛（今蘇門答臘島）、馬八兒（今印度的馬拉巴爾），正西繪出了倒錐形的非洲大陸及阿拉伯半島，北面已繪到大澤（今貝加爾湖），幾乎包括了歐亞非三大洲。參看[日]宮紀子《モンゴル帝国が生んだ世界図》（日本經濟新聞出版社，二〇〇七）；在此前，也有高橋正對於這幅地圖的研究，見《混一疆理歷代國都之圖再考》與《混一疆理歷代國都之圖續考》等，發表於《龍谷史壇》（京都：龍谷大學，一九六五）第五十六，五十七號合刊號及《龍谷大學論集》（京都：龍谷大學，一九七三）第四〇〇，四〇一合併號。

二七　就在西洋傳教士來華的前夜，一個叫歐大任（一五一六—一五九五）的文人還在痛批佛教世界觀的荒謬，

（一五八四），前面我們說到的利瑪竇的《山海輿地圖》在廣東問世，中國人才突然看到了「世界」，隨後，便在思想上出現了「天崩地裂」的預兆。

八、利瑪竇《山海輿地全圖》之後：中國天下觀的轉變

回到這一章開始的時候說到的那幅《坤輿萬國全圖》。

一五八四年也就是明代萬曆十二年，來自意大利的傳教士利瑪竇到達廣東肇慶不久，得到知府王泮支持，刻印了《山海輿地全圖》，這是第一次在中國刻印的西洋式的世界地圖，這幅《山海輿地全圖》就是稍後《坤輿萬國全圖》的前身[二八]。

從十六世紀下半葉起到十七世紀，根據這一地圖繪製的各種地圖不斷出現，現在可以看

《歐虞部集．文集》卷七《同文錄序》中說：「惟五岳巍然表天下矣，而為寥廓之說者謂有須彌之山，其高數萬里，日月經行隱見，遞照四洲，中國其南贍一隅耳。聞而大笑者十九，駭者十三，疑者十一，信之者百無一焉。」見《歐虞部集．附李英集四卷都下贈言一卷》，「北京圖書館古籍珍本叢刊」第八十一種（北京：書目文獻出版社，無出版年），第六五九頁。

二八 參看[日]海野一隆《明清におけるマテォ·リッチ係世界圖——主として新史料の檢討》，載《新發現中國科學史資料の研究（論考篇）》（京都：京都大學人文科學研究所），五一二頁。又，參看[日]船越昭生《坤輿萬國全圖——鎖國日本》，《東方學報》四十一冊，京都，一九七〇。鄒振環則指出，利瑪竇地圖的來源有三，「包括歐洲十五、十六世紀銅板鏤印地圖及有關資料，中國輿圖及通志資料和他本人的旅行實測、見聞雜記。所選用的西方地圖資料，主要取材於十六世紀歐洲佛萊明學派，如麥克托（Gerard Mercator）、奧代理（Ortelius）與普蘭息阿斯（Peter Plancius）的世界地圖」，見《影響中國近代社會的一百種譯作》四頁，北京：中國對外翻譯出版公司，北京，一九九六。

到的就有十二種。當時，連利瑪竇都擔心，皇帝要是看到這樣的地圖，把中國畫得這麼小，會不會怪罪我們藐視中國人，而很多守舊的大臣也確實攻擊過這一世界觀，是有意地誇大外夷而醜化中國，並且把它與《山海經》的想像世界、鄒衍的「大九州」聯在一起，說這只不過是抄襲了中國古書編造出來的謊話，「以中國數萬里之地為一洲，以矛刺盾，妄謬不攻自破」[二九]。可是，不僅李贄、方以智、謝肇淛、李之藻、徐光啟等知識分子接受了這種世界觀，而且，萬曆皇帝也很高興，這個死後葬在定陵的皇帝，並不懂得這個「天下」變化的意味，倒很樂意地讓太監根據這一地圖，繪製大幅的《坤輿萬國全圖》屏風，這樣一來，這幅地圖就有了合法性，也就是得到官方認可，有了合理性，也就是得到知識階層的認可[三〇]。

其實，利瑪竇地圖也是有一些觀念上的目的的，他想使中國拋棄大中華文化優越，而接受天主教文明，他說，「當他們看到自己的國家比起許多別的國家來是那麼小，驕橫可能會打掉一些，會樂於與其他國家發生關係」[三一]。的確，古代中國在與其他國家打交道的時

二九　《皇朝文獻通考》卷二九八《四裔》，參看《四庫全書總目》（北京：中華書局影印本，一九八一）卷七十一，六三三頁。

三〇　關於利氏地圖的學術影響，可參看陳觀勝《利瑪竇對中國地理學的貢獻及其影響》，載《禹貢》第五卷，第三、四合期，一九三六。關於利氏地圖的社會影響，可參看林東陽《利瑪竇世界地圖及其對明末士人社會的影響》，《紀念利瑪竇來華四百周年中西文化交流國際會議論文集》（台北：輔仁大學出版社，一九八三）三一一–三七八頁。

三一　[法] 裴化行《利瑪竇評傳》（中譯本，北京：商務印書館，一九九三）下冊，五五九頁。但是，他也意識到

候，總是把關係定位在「朝覲」、「朝貢」、「覲見」，或者是「和蕃」、「綏遠」、「撫夷」、「理蕃」等等上，很少有平等、多元的觀念，日本的國王在隋代時曾經用「日出處天子致書日沒處天子」的稱呼，其實就引起了中國人的不快[三二]，就連後來的英國使節馬嘎爾尼朝覲乾隆，也為了各種等級和禮節問題鬧得不可開交[三三]。但是，從思想史上來看，這一次地圖已經引起了一個深刻的變化。因為它開始告訴中國人——

（一）人生活的世界不再是平面的，而是一個圓形的。

（二）世界非常大，而中國只居亞細亞十分之一，亞細亞又只居世界五分之一，中國並不是浩大無邊的唯一大國，反而很小。

（三）古代中國的「天下」、「中國」、「四夷」的說法是不成立的，中國不一定是世界中心，四夷則有可能是另一些文明國度，在他們看來，中國可能是「四夷」。

（四）應該接受「東海西海，心同理同」的想法，承認世界各種文明是平等的、共通的，而且真的有一些超越民族/國家/疆域的普遍主義真理。

有很多士大夫不滿意，也會引發反感和抵制。

三二　《隋書》卷八十一《東夷列傳》，一八二七頁。

三三　參看[法]佩雷菲特（Alain Peyrefitte）《停滯的帝國——兩個世界的撞擊》（王國卿等譯，北京：三聯書店，一九九二）第三十七章，二五四頁以下。

九、從天下到萬國

如果接受這種觀念，那麼，傳統中華帝國作為天下中心，中國優於四夷的預設，就將被徹底打破。可是，這些歷史悠久的、來自文化上的「基本假設」，在過去人的觀念中，長期以來是天經地義的，無庸質疑的。它在傳統思想世界中曾經是中華文明的基石之一，然而，當這個基石被推翻，中國不就將「天崩地裂」了麼？

不過，這個「天崩地裂」的過程相當漫長，從明到清，延續了幾百年。不過，它確實使古代中國世界觀發生了裂痕，本來大家無需去思考而自然接受的天下觀念被打破了，連《圖書編》、《方輿勝略》、《月令廣義》、《格致草》、《地緯》之類的綜合類書，都接受了它對世界的說法，說明這種地圖連同它的「世界觀」，已經開始在瓦解着這個古老中國的知識思想與信仰。雖然真正變化要在晚清才真正凸顯，但是，從那時起，世界圖像的改變，就預示了中國人將被迫接受一個痛苦的事實，中國不再是世界的中心，中國觀念世界，也將被迫從「天下」走向「萬國」[三四]。

三四 〔美〕列文森（Joseph R. Levenson）《儒教中國及其現代命運》（鄭大華等中譯本，北京：中國社會科學出版社，二〇〇〇）第一部分第七章指出，「近代中國思想史的大部分時期，是一個使『天下』成為『國家』的過程」，八七頁。

第二章　國境：有關「中國」疆域的討論

若干年前，我曾受邀參加一個小型論壇，討論有關中國的國界、周邊環境以及外交困境等問題。主辦的報社給我發的電子郵件中，用心良苦地用了「中國境/域」，將「境」和「域」分開的這樣一個主題，還用了「國境在那裏，中國在這裏」這樣很有意思的話，來暗示這個論壇討論的是：中國作為現代國家，它的政治意義上的「國境」和文化意義的「疆域」之間，存在着某種緊張。我很快把這次討論的主題理解為：「國境（政治領土的範圍）」和「中國（文化認同的空間）」的差異。

這一看法讓我很有興趣，因為我曾經撰文討論過這個話題。所以，當看到邀請信的時候，我一方面想起了杜甫「國破山河在」這句詩[一]，也想起了明末顧炎武對於「亡國」和「亡天下」的辨析[二]。覺得「山河」、「國家」和「天下」，似乎在傳統中國觀念世界裏，

一　杜甫《春望》，見浦起龍《讀杜心解》（北京：中華書局，一九八一）卷三之一，三六三頁。

二　顧炎武語，見《日知錄》卷十三《正始》。顧炎武說，「亡國」和「亡天下」是不一樣的，「異姓改號」只

有些不一樣。另一方面，則想起了近代以來一直到現在，中國和周邊世界關於國界、疆域、歷史的爭論，在這些爭論中間，也涉及到了「國境」和「中國」，也就是歷史疆域、文化空間和政治版圖的種種問題。

於是，就有了下面的一些討論。

一、國境和國家的話題：不止是釣魚島、南沙群島、竹島（或獨島）

關於國境和國家，是一個絕大的話題，它涉及到的，絕不僅僅是現在存在領土爭端的那些地方。比如中國和日本之間有爭議的釣魚島（尖閣群島），中國和越南、菲律賓、印尼之間有爭議的南海群島，中國與印度之間有爭議的所謂「麥克馬洪線」，以及韓國與日本之間有爭議的「竹島（獨島）」等等。而且對於中國來說，有可能追溯歷史，涉及到為什麼「中國」會擁有偌大的版圖，為什麼「中國」不必僅僅是漢族中國，而可以是一個眾多民族，即所謂「多元一體」的大國家等等大問題[三]。

是「亡國」，意思是改朝換代只是政權統治者的改變，但是「仁義充塞」卻是「亡天下」，意思是說，文明一旦失落，禮義廉恥一旦失守，天下就徹底崩潰了。很顯然，空間意義上的國家和政治意義上的政府（王朝），與文化意義上的共同體，是不同的。他認為，保衛國家（政府或王朝）只是政治家們的事情，而守護文明則是人人有責的。收入《顧炎武全集》（上海古籍出版社，二〇一一）第十八冊，五二七頁。

三 「多元一體」是費孝通的概念，見費孝通《中華民族的多元一體格局》，原載《北京大學學報》一九八九年第四期，第一—十九頁。

不妨從近年來的韓國歷史教科書說起。這些年來，歷史教科書常常成為關注的話題，是因為培養和鑄造年輕國民的歷史觀念和文化認同的歷史教材，由於不可避免地要涉及文化和民族起源、宗教信仰和文化主流、歷史疆域和民族空間等等問題，所以，在認知不同的各國國民中，各種歷史教科書最容易引起民族主義的暗潮和激浪。近年來，在韓國的中學歷史教科書（特別是一些涉及朝鮮歷史的地圖）中，就出現了一些讓人瞠目結舌的說法。這一方面表明在思想領域中，韓國國內有激烈的民族主義情緒，另一方面說明在知識世界中，韓國歷史認知和中國歷史認知之間的衝突。比如，朝鮮比中國歷史更加悠久，檀君的故事和傳說被當作韓民族起源歷史，高句麗在唐宋時代的版圖的誇張說法等等。其實，人們早已經注意到，自從中國的「東北工程」和「高句麗遺址申請世界文化遺產」以來，韓國對於歷史已經有種種議論[四]，比如東北亞歷史財團的一些學術會議和學術論著，表明國境、國家的問題，在看上去邊界已經劃定的現代，仍然有很多歷史陰影在糾纏，這使得現代存在於歷史中，歷史存在於現代中。

比起韓國來，日本對於「中國」疆域合法性的質疑更嚴厲也更早，從明治年間開始，那個時候，追隨近代西方的民族國家觀念，同時受到歐洲東方學的刺激，更隨着日本軍國意識

四　關於這一爭論的情況，可以參看南黎明《韓國對中國的文化抗議》、錢文忠《高句麗是中韓共同文化遺產》，載《亞洲週刊》（香港，二〇〇四年七月二五日），一六—二〇頁。

和所謂「亞洲主義」的崛起，日本東洋學研究者，一方面是對於傳統中國「四裔」如朝鮮、蒙古、滿洲、西藏、新疆有格外的興趣，他們不再把中國各王朝看成是籠罩邊疆和異族的同一體。一方面則將這一原來只是學術研究的取向，逐漸變成一種瓦解中國現代國家合法性的觀念，並且在二戰前後的日本歷史學界形成熱門話題[五]。前面我曾經提到，在一九二三年，矢野仁一出版了他的《近代支那論》，開頭就有《支那無國境論》和《支那非國論》兩篇文章。矢野認為，國境是國家組織完成的基本條件，近代國家也就是 national state 之間，國境是必須的，然而「中國不只是沒有國境，沒有國境的結果，恐怕是連國家也不是」，因此，中國不能稱為所謂民族國家，滿、蒙、藏等原來就非中國領土[六]。一九四三年，在第二次世界大戰的關鍵時刻，他更在廣島大學的系列報告中，便提出了超越中國，以亞洲為單位的歷史敍述理論，此年以《大東亞史の構想》為題出版[七]。這種想法雖然二戰結束後被壓抑下

五　參看葛兆光《邊關何處？——從十九、二十世紀之交日本「滿蒙回藏鮮」之學的背景説起》，收入《宅茲中國：重建有關中國的歷史論述》第七章。二三一－二五三頁。

六　[日]矢野仁一《支那無國境論》，載《近代支那論》，弘文堂書房，一九二三。一頁。此書中還有《滿蒙藏は支那本來の領土に非る論》，九二－一一二頁。參看[日]五井直弘《東洋史學與馬克思主義》，載其《中國古代史論稿》（姜鎮慶、李德龍譯，北京：北京大學出版社，二〇〇一），五八頁。五井氏指出，隨着二戰時期日本對中國的佔領，激發了日本當時的東洋史熱，矢野的這種論點越來越流行，例如《世界歷史大係》（東京：平凡社，一九三三－一九三六年，二十六冊）和《岩波講座東洋思潮》（一九三四－一九三六年，岩波書店，全十八卷）就是這一潮流中的產物。

七　[日]矢野仁一《大東亞史の構想》，三一頁以下，東京，目黑書店，一九四四。對於這一觀念的批判，可以

去，但是至今還常常會變了形式捲土重來，在歷史和地理的研究領域留下一些痕跡。

當然，在現代中國學界，也有種種對於古代王朝「疆域」和現在政治「領土」並不那麼聰明的議論。比如，有人就認為，在中國歷史研究中不應當「以歷代皇朝的疆域」，而應當「以今天的中華人民共和國的國土為範圍，由此上溯」，他們還強調，這樣的方法，第一是「擺脫了舊的觀點」即皇朝歷史觀點的支配，第二是擺脫了大漢族主義的偏向，第三是可以「從了解現在的社會生活的意義上去研究歷史」[八]。但是，正如我在「導論」裏面說過的，「中國」是一個特別的「國家」，這些站在國家政治意識形態立場上說話的學者，試圖先確定這個「中國」現在政治領土的合法性，然後倒着去追溯和敘述這個空間裏的種種歷史，以為這樣既可以維護現實國家領土的合法性，又可以通過這一疆域的歷史敘述，來建立現實國境內領土的合理性[九]，其實，這顯然是不符合歷史主義的。早在一九六〇年代，孫祚民就指

八　參看傅斯年的《東北史綱》（《傅斯年文集》之一，上海古籍出版社，二〇一二），傅斯年指出，這是「指鹿為馬」，並且是日本「為其向東北侵略之一理由」，這是在國難當頭的一九三〇年代被刺激起來的反擊。參看第三章的討論。

九　前引白壽彝《論歷史上祖國國土問題的處理》，載其《學步集》（北京：三聯書店，一九七八）。二頁。多民族、多區域構成的國家，是否就一定是傳統帝國而不是現代國家？是否就一定要以聯邦制度而不能是統一政府？這是一個值得深入討論的問題。于逢春在《中國國民國家構築與國民統合之歷程——以二十世紀上半葉東北邊疆民族國民教育為主》（黑龍江教育出版社，二〇〇六）指出，「『作為多民族國家的近代中國』，其存在的本身就是對歐美列強與日本『由單一民族構築國家』的論理挑戰」，「在今天，『多民族可構築近代國家』雖然是一般的常識，但在二十世紀前半的世界卻不被認知」（七頁）。

出，應當「以我國歷史上歷代王朝的疆域為歷代國土的範圍，因王朝統治的範圍不同，而歷代國土有所變更伸縮」，到一九八〇年代他更批評道，按照現在中華人民共和國領土範圍，來倒着追溯歷史的方法，「錯誤是十分明顯的，致誤的關鍵，在於它抽掉了我國形成一個『統一的多民族國家』的歷史過程，混淆了歷史上的『當時』和當代的『今天』兩個決然不同的時間概念」[一〇]。這個看法無疑是很正確的，我們應當說，一方面中國歷史空間有很強的延續性，一方面也要承認古代的「疆域」與現代的「領土」並不完全一致，它是常常會變化的，承認這種歷史中疆域的變化，並不等於否定現在國家領土的合法性。

不能用現代國家的國境倒過來敘述歷史王朝的疆域，也不能用歷史王朝的疆域來論證現代國家的國境，歷史與政治當然有相當深刻的聯繫，但歷史研究與政治處理，畢竟要有一定的理性區分。毫無疑問，關於中國疆域或國境的問題，不僅會以「歷史」的形式反復出現，而且會在「當下」的不同時段中反復浮現。這些問題不僅會在東北亞出現，而且弄不好還會出現在四面八方，比如新疆問題、西藏問題、蒙古問題，當然還有台灣問題。顯然，「國境」在面臨種種質疑，「中國」也在面臨種種挑戰，正如我在「導論」中說的，這挑戰不僅

一〇　孫祚民《中國古代史中有關祖國疆域和少數民族的問題》，《文匯報》一九六一年十一月四日。又，孫祚民《處理歷史上民族關係的幾個重要準則》，《歷史研究》一九八〇年第五期；收入《中國民族關係史論文集》（北京：民族出版社，一九八二）上冊，一五七頁。

來自現實國與國之間的領土爭端，也來自種種歷史的理論和方法的，比如來自東亞史或區域史、征服王朝史、同心圓理論、後現代歷史學等等。

這個問題值得鄭重討論。

二、國境、國家、近代國家——中國的特殊性或者是普遍性

要討論這個話題，先得從所謂「民族國家」究竟如何形成說起。所謂合法政治領土的「國境」概念，據說和現代民族國家形成有關，因為傳統帝國是無所謂疆域的合法性的，「至大無外」總是傳統帝國的空間想像。拉鐵摩爾（Owen Lattimore）在他那部著名的《中國的亞洲內陸邊疆》一書中，曾特意指出，在討論中國邊疆的時候，要區分「邊疆」（frontier）和「邊界」（boundaries）這兩個詞[一一]。我理解他的意思，因為在帝國時代，邊疆有時候只是一個含糊的、過渡的、歷史的地帶，有時候它被族群、風俗、文化所界定，並不像在晚近的民族國家時代，這個邊界主要由政治權力，即由相鄰國家的政府來認定。現代的「國境」，儘管有時候也必須考慮歷史、族群和文化，但是更重要的是，合法的國家與國家之間，通過條約彼此協商來劃定的。按照這種理論，在嚴格意義上說，古代中國主要就只

一一　[美] 拉鐵摩爾《中國的亞洲內陸邊疆》（Owen Lattimore: *Inner Asian Frontiers of China*, 1940，唐曉峰中譯本，江蘇人民出版社，二〇〇五），一五六頁。

有「邊疆」而沒有「邊界」，現代中國才有「領土」與「國境」。然而，按照理論界的一般說法，現代民族國家的形成，是從歐洲近代開始的，可是，這一說法適用於中國嗎[一二]？

我在「導論」中說到，中國歷史不必按照歐洲歷史來截長續短。中國式的近代民族國家雛型，或者說「有限國家」的意識，大概從宋代就開始形成，這種意識之緣起恐怕比歐洲還早。當年，Morris Rossabi 編了一部討論宋代中國國際關係的論文集，用了 *China among Equals* 為題，意思是，從那個時代開始，處在「勢均力敵國家中的中國」，就已經有了「邊界」的問題，正如這部書的副題 The Middle Kingdom and Its Neighbors, 10th–14th Centuries 顯示的那樣，從十世紀到十四世紀，中國和鄰居的關係發生了重大變化。在宋代，中國不像以前的唐帝國那樣籠罩天下，宋代皇帝也不像唐太宗那樣，可以稱為「天可汗」了。北方的遼和西北的夏，後來的女真與更後來的蒙古，逐漸使大宋，成為「諸國」中的「一國」。所以，宋太祖很無奈地說，「一榻之外，皆他人家也」[一三]。到了宋真宗時代的「澶淵之盟」，簽訂景德

一二　[美] 狄宇宙（Nicola Di Cosmo）就曾指出古代中國有不同的邊界，見其《古代中國與其強鄰——東亞歷史上遊牧力量的興起》（*Ancient China and Its Enemies: The Rise of Nomadic Power in East Asian History, Cambridge University Press*, 2002；賀嚴、高書文中譯本，中國社會科學出版社，二〇一〇）三七〇頁以下。但是，他所指出的邊界的分類，多少有一些複雜，其實，古代中國與周邊的疆界，既有文化意義上區分華夷、僅僅存在於觀念和地圖上的邊界，也有依靠軍事力量控制的行政邊界，還有國與國彼此協商形成的劃界，如中唐時代唐與吐蕃之間盟書中的邊界。

一三　邵伯溫《邵氏聞見錄》（北京：中華書局，一九八三）卷一，四頁。其實這種對於國土的無奈心情，一直到

誓書以後，宋、遼間已經常用「南北朝」、「大宋皇帝謹致書於大契丹皇帝闕下」的說法。這說明這個天下的主宰，不是一個，至少有兩個了[一四]。

有一則資料特別有意思。《宋會要輯稿》記載，皇祐四年（一〇五二），宋仁宗下詔讓學士院討論北宋與大遼之間往來國書。一般來說，「國書」的措辭，應當代表的是國家意志。當時，遼國文書中自稱「北朝」，而把宋國稱為「南朝」，但是，宋朝的官員經過認真討論後，認為「自先帝（宋真宗）講和以來，國書有定式，不可輕許之。其後復有書，仍稱『契丹』如故」。這表明，當時在漢唐延續下來的這塊土地上，已經從「一個中國，各自表述」（即稱南朝、北朝），改成「一邊一國」（要求各自稱呼「大宋」和「大契丹」）了[一五]。所以，陶晉生曾指出宋人已經有「多元國際系統」的兩個重要表現是，「一、認知中原是一個『國』，遼也是一『國』。二、認知國界的存在」。前者，表現在文件中常常有「鄰國」、「兄弟之國」等名詞；後者，表現在「勘界」成為重要的外交和政治活動。「宋

很晚依然糾纏在士人心裏，像現存南宋淳祐年間（一二四七）石刻《地理圖》的碑文，作者黃裳在不得不描述天下的地理形勢時，就無奈地說到，這個天下是不全的，儘管「國朝藝祖櫛風雨平定海內」，「太宗之世王師三駕」，但「幽薊之地卒為契丹所有，不能復也」。所以，「□□□□南北形勢，使人觀之，可以感，可以憤」。文字轉引自《中國古代地圖集（戰國至元）》（北京：文物出版社，一九九〇）後附：錢正、姚世英《地理圖碑》。

一四 參看張希清等人編《澶淵之盟新論》，上海人民出版社，二〇〇七。

一五 《宋會要輯稿》「蕃夷二」，北京：中華書局影印本，一九九七。七七〇〇頁。

人對於國界的重視，足以推翻若干近人認為傳統中國與外夷之間不存在『清楚的法律和權力的界限』的看法」[一六]。

這使得中國第一次有了明確的「國境」，也有了「國」與「國」對等外交的意識[一七]。在宋代歷史文獻中我們看到，「勘界」即邊界的劃分，「互市」即邊界開設的等價貿易，「聘禮」即對等國家使節的禮儀等等，都開始告訴人們「他者」（the others）的存在，這在唐以前的中國是幾乎沒有的[一八]。這一民族之區隔和國家之邊界意識的形成，直接後果就是使得中國（主要是漢族士人），從此不得不嚴肅地面對「他國」與「異國」。嚴肅面對異國的結果也是兩個：第一個結果是，他們開始對「出入境」加以限制，除了勘定邊界之外，他們還要限制「外國人」的居住區域，要限制「中國人」的外出範圍，涉及技術性的書籍和通曉這類知識的士人，不能出境到異族區域，以免知識和技術的外傳。從現有的資料來看，這一

一六 以上均見陶晉生《宋遼關係史研究》（北京：中華書局，二〇〇八）第六章《北宋朝野人士對於契丹的看法》，八四–八五頁。

一七 儘管在唐代，大唐與吐蕃之間也曾經以盟書的形式，確定「涇州西至彈箏峽西口、隴州西至清水縣，鳳州西至同谷縣，暨劍南西山大渡河東，為漢界」，但是，這個盟書卻沒有說另一邊是吐蕃界，而且約定為「舅甥之國」，並不算平等，更主要是權宜區隔的界線。見《舊唐書》卷一九六《吐蕃下》，五二四七頁

一八 關於這一方面，還可以看王賡武《小帝國的辭令：宋代與其鄰國的早期關係》，英文本原載上引 *China among Equals: The Middle Kingdom and Its Neighbors, 10th–14th Centuries*，姚楠中譯文，載《王賡武自選集》六一–八二頁，上海教育出版社，二〇〇二。

嚴厲的措施在兩宋一直被嚴格執行，知識、人員和國土與現代民族國家一樣，有了嚴格的邊界[一九]。第二個結果是，確立「國是」即君臣上下一致的共識，努力塑造對於本國本族文化的認同。對於外來的宗教、習俗和其他文明，宋代尤其是南宋士人有了一種基於民族主義立場的警惕，他們不再像唐代那樣歡天喜地地擁抱這些新鮮的東西，而是懷着戒懼的心情對它們進行批判，他們對外來的宗教信仰、風俗習慣採取了相當嚴厲的態度，對於異教的抵制和鎮壓，把幾乎所有的來自異域的文明都牽連進去（如火葬、胡服）。很顯然，這與宋代始終處在異族的威脅下有關，對於異族文明的抵制，最明顯地表現在對固有文化與傳統的闡揚，北宋歷史學上的「正統論」、儒學中的「攘夷論」、理學中特別凸顯的「天理」與「道統」說，都在從各種角度重新建構着漢族中心的文明邊界，拒斥着異族文明的入侵和滲透[二〇]。

因此我們說，如果我們不把歐洲近代當作唯一標準的民族國家形態的話，近代有限民族國家，至少是有限民族國家的意識之興起，在中國反而比歐洲早，所以，日本學者內藤湖南和宮崎市定才會認為宋代是中國的近世。我的這個說法，好像和通行觀點不同，通常人們會覺得，歐洲的「近代」，也包括「近代民族國家」，要比中國更早。可是，雖然在歐洲，民

一九　參看葛兆光《中國意識在宋代的凸顯》，收入《宅茲中國》第一編第一章，四一－六五頁。

二〇　參看葛兆光《中國思想史》（上海：復旦大學出版社，二〇〇四）第二卷第二編第三節《國家與士紳雙重支持下的文明擴張：宋代中國生活倫理同一性的確立》。二五三頁以下。

族國家確實是近代以來才逐漸建構起來的，但是，由於國境與族群、信仰、語言以及歷史，在事實上並不一定準確地互相重疊，歐洲近代民族國家的國界，也仍然只是政治權力的領屬空間，而作為政治領屬空間的國界，也往往就只是地圖上的國界[二一]。然而，中國的民族國家，在很多方面和歐洲不同，歐洲近代民族國家的要素，在中國也不可能一一對應地找到，但是，為什麼歐洲才是「普遍」的而中國就是「特殊」的呢？

也許，中國這種民族國家的形成史，也是同樣合理而自然的一個過程[二二]。

三、什麼是近代的「民族國家」？來自歐洲的理論

現在的理論認為，近代國家與傳統帝國的區別有五個方面：一是有明確的國境存在（國民國家以國境線劃分政治的、經濟的、文化的空間，而古代或中世國家雖然也存在中心性的政治權力和政治機構，但沒有明確的國境）。二是國家主權意識（國民國家的政治空間，是國家主權範圍，有着不容他國干涉的國家主權和民族自決理

二一　正因為這種現象，所以近來有學者認為，與其用這個後設的政治空間來論述歷史，不如淡化這個論述的基本單位。所以，最近就有了類似「想像的共同體」、「超越邊界的歷史」這樣流行的後殖民理論。參看[美] 班尼迪克．安德森（Benedict Anderson）《想像的共同體：民族主義的起源與散佈》（*Imagined Communities:Reflections on the Origin and Spread of Nationalism*，吳睿人譯，時報出版公司，一九九九）。

二二　參見前引葛兆光《宋代中國意識的形成》。又，請參看下一章《民族：納四裔入中華》。

念）。三是國民概念的形成與整合國民的意識形態支配，即以國家為空間單位的民族主義（不止是由憲法、民法與國籍法規定的國民，而且由愛國心、文化、歷史、神話等等建構起來的意識形態）。四是控制政治、經濟、文化空間的國家機構和制度（不僅僅是帝王或君主的權力）。五是由各國構成的國際關係（國際關係的存在表明民族國家之主權獨立與空間有限性）[二三]。

可是，這是以近代歐洲為思考背景而來的定義，歐洲有關「民族國家」的定義來自歐洲歷史，尤其是近代歐洲的歷史，並不一定適用於東方諸國特別是中國。和歐洲不同，中國的政治疆域和文化空間，是從中心向邊緣瀰漫開來的，即使不說三代，從秦漢時代起，大體同一的語言、倫理、風俗和政治，就開始把「（漢）民族」在這個叫做「中國」的空間中逐漸固定下來，這與歐洲認為「民族原本就是人類歷史上晚近的新現象」相當不同[二四]。因此，把傳統帝國與現代國家區分為兩個時代的理論，並不符合中國歷史，也不符合中國的國家意識觀念和國家生成歷史。在中國，並非從傳統帝國到民族國家，正如我在《宅兹中國》一書中

二三　參看[日]西川長夫：《國民國家論から見た「戰後」》，載其《國民國家論の射程》（東京：柏書房，一九九八）二五六–二八六頁。

二四　比如[英]霍布斯邦（Eric J. Hobsbawm）《民族與民族主義》（李金梅譯本，台北：麥田出版，一九九七），八頁，他已經注意到這「是源於特定地域及時空環境下的歷史產物」，所以，在討論到民族國家的語言問題時，他也說到「不過中國的情況是一大例外」。七五頁。

說的，是在無邊「帝國」的意識中，有有限「國家」的觀念，在有限的「國家」認知中，保存了無邊「帝國」的想像，近代民族國家恰恰從傳統中央帝國中蛻變出來，近代民族國家依然殘存着傳統中央帝國意識，從而是一個糾纏共生的歷史。

也許，很多人會想到古代中國的「天下觀念」與「朝貢體制」，覺得古代中國以朝貢體制想像世界，並不曾清楚地意識到「國家」的邊界。但是，中國在很早就形成了以漢族文明為主流，漢族生活區域為中心，通過朝貢、羈縻、冊封、征服等等形式維繫周邊異族和區域，構成「中心清晰、周邊移動」的大帝國[二五]。到了宋代，隨着周邊異族的崛起與壓迫，官方組織的「勘界」，其實已經開始表明有限的「民族/國家」在意識中逐漸形成，明確的「邊界/國境」也在事實上呈現。正如張廣達先生比較「契丹」與「宋」的國家意識時所說的，「宋朝從此主動放棄了大渡河外的雲南，也告別了西域，西部邊界退到秦州，西域開始穆斯林化，由此可見……趙匡胤追求的是鞏固自我劃定界限的王朝」[二六]。

二五　近來，[日]吉本道雅《中國古代華夷思想の成立》討論了從西周到戰國時期的「華夷」觀念，指出戰國中期以前，有「同化」、「遺棄」和「羈縻」等三種方式，而[日]辻正博的《魏氏高昌國と中國王朝》，則以魏氏高昌國為例，討論了在中古時期的中國對於周邊異族國家的朝貢、羈縻、冊封、征服等種種不同策略，並以高昌國的命運與高句麗、百濟、新羅等國進行了比較，指出中國王朝一側的對外立場，常常隨着國際環境的變化而變化。[日]夫馬進編：《中國東アジア外交交流史の研究》（京都：京都大學學術出版會，二〇〇七年三月）。

二六　張廣達《從安史之亂到澶淵之盟》，載黃寬重主編《基調與變奏：七至二十世紀的中國》（台北：政治大學

「自我劃定界限」，在某種意義上說就是逐漸形成有限的「國家」，而不是自認為「帝國」或「天下」。所以，如果你仔細考察歷史，就可以知道，傳統觀念世界中的「天下」，在歷史上雖然時時掛在嘴邊，但常常只是一種想像，並不一定是實際處理「中國」的國家與國際問題的制度或準則[二七]。

四、結論：複雜的和麻煩的問題

毫無疑問，我也同意顧頡剛先生早年所說的，不要相信「中國漢族所居的十八省，從古以來就是這樣一統的，這實在是誤用了秦漢以後的眼光來定秦漢以前的疆域」[二八]。不過我也要說，這種不必確定邊界的大帝國時代，至晚在宋代已經有可能結束，如果不是一些特別的原因——如蒙元與滿清兩個大帝國的崛起——確實中國將「從天下到萬國」。所以，如果可

歷史系，二〇〇八），十八頁。

二七　不要一聽說「天下」一詞就以為古代中國就沒有「中國」意識，漢代也自稱是「天下」，但是漢代銅鏡銘文中卻常常出現「中國」一詞，它是與「匈奴」對舉的。日本也把自己的國家叫做「天下」，西島定生曾經指出，日本的「天下」只是大和政權的支配領土，即只是倭國的領域，對中國說，似乎「天下」是中國為中心的世界，但是對於倭國來說，倭國自己也是「天下」，見[日] 西島定生《日本の國際環境》（東京：東京大學出版會，一九八五）。七七-七八頁。

二八　見顧頡剛一九二六年所作《秦漢統一的由來和戰國人對於世界的想像》，載《顧頡剛全集》（北京：中華書局，二〇一〇）第六冊，三三頁。

以簡略地說，那麼，從宋代的「勘界」，到清代康熙年間「尼布楚條約」，除了蒙元時代之外，中國漸漸從無邊無際的「華夷」與「天下」的想像中走出來，進入「萬國並峙」的現實世界，開始設定邊界，區分你我。不要說與周邊環伺的大國如俄羅斯，就連原本是藩屬之國的朝鮮，大清帝國最終也不能不與之劃清國境。從康熙五十一年（一七一二）穆克登勘界開始，經過多年反復考察，終於劃定長白山、圖們江、鴨綠江為大清與朝鮮邊界[二九]。特別是在一八九五年之後，在東洋和西洋壓迫之下，大清越來越不能成為無邊「帝國」，而只能漸漸走向有限「國家」，憑借誓書（盟約或條約）確定邊界，使得逐漸被拖入世界的近世中國，在逐漸形成現代意義上的國境，只是在傳統相當頑固的觀念世界裏，在大清帝國盛期向四裔的版圖擴張中，中國仍然頑強地殘存了籠罩無邊疆域的「天下」想像[三〇]。

這當然是一個相當複雜的歷史問題[三一]。請允許我簡單地歸納一下前面的歷史分析，大

二九　刁書仁《中朝邊界沿革史研究》，載《中國邊疆史地研究》二〇〇一年第四期。參看楊昭全、孫玉梅《中朝邊界史》（長春：吉林文史出版社，一九九三）。

三〇　關於這個歷史進程的另一面，則請參看下一章《民族：納四裔入中華》。

三一　關於這個問題，參看下一章《民族：納四裔入中華》；其實，有關這一話題，早有顧頡剛與史念海等人合作的《中國疆域沿革史》（長沙：商務印書館，一九三八），收入《顧頡剛全集》第六冊，一－一九二頁。但是，這是在抗戰背景下撰寫的，主要要捍衛的是一個多民族的中國國土合法性，所以，會比較強調自古以來逐漸形成「中國」大體統一的疆域。此後，葛劍雄《歷史上的中國：中國疆域的變遷》（上海：上海錦繡文章出版社，二〇〇七）沿着這一思路，做了很好的論述。

體上可以注意三點：（一）中國以漢族為中心的民族與國家，在地域空間上是重疊的，這使得漢族中國的民族和國家之「邊界」很容易清晰地固定下來。從宋代起，在遼夏金元壓迫下的勘界行為、由海外貿易確立的市舶司制度，和清晰的知識與財富的界限，加上和、戰之間的外交談判，已經使宋代中國很早就有了國境存在和國家主權的意識；（二）由於漢族同一性倫理的逐漸確立，宋代以來建立的歷史傳統、觀念形態和文化認同，已經很清楚地形成了漢族中國自我確認的民族主義意識形態。所謂「華夷」之辯、所謂「正統」之爭、所謂「遺民」意識，在宋代以後日益形成，本身就是這種國家意識的產物；而原來就屬於羈縻、懷柔或者土司管轄範圍的一些「邊地」，也逐漸在中央王朝的鎮撫和邊地首領的選擇這兩方面的共同作用下，逐漸明確地納入疆域之內，使得中國疆域的邊界逐漸浮現出來。（三）從宋到清，中國在東方世界複雜的國際關係已經形成[三二]，尤其是自明清以後，大明（清）、朝鮮、日本等國家之間的互相交涉，已經形成了這樣一個「國際」，這使得「國」與「國」之間，有了彼此的分際，也有了相互的關係。只是這個「國際」原本是有一套秩序的，明清中國始

[三二] 這一點，其實西島定生已經指出，[日] 西島定生《中國古代國家と東アジア世界》（東京：東京大學出版會，一九八三）第六章《東アジア世界と日本史》中說到，原本包含了日本在內的東亞文化圈，有四個指標，漢字、儒教、佛教、律令制，但是，東亞諸國意識的崛起，日本主體的形成，與唐代九至十世紀的衰落有關。他指出，宋代由於燕雲十六州被契丹所佔有，西北方的西夏建國與宋對抗，契丹與西夏都對等地與宋同稱皇帝，所以，東亞的國際關係，已經與唐代只有唐稱君主、冊封周邊諸國成為藩國的時代大不一樣了，從而開始了不承認中國王朝為中心的東亞的國際秩序，六一六頁。

終想像這一套叫做「朝貢」或者「冊封」的秩序，通過禮儀可以有效地控制這個「國際」，但是，後來它卻在另一套新的世界秩序衝擊下逐漸崩潰，終於被取代和遺忘。

但是，這一本來有可能走向國境清晰、認同明確、民族同一的漢族民族國家的大趨勢，由於後來中國經歷了蒙元和滿清兩個異族王朝，這兩個異族王朝又擴張了疆域，把廣大的空間和多樣的族群納入中國，這使得向「民族國家」轉化這一過程變得相當曲折，而且呈現出與歐洲近代絕不相同的國家建構路徑。特別是，由於大清建立了兼容滿漢蒙回藏苗的大帝國，其疆域拓展到「東極三姓所屬之庫頁島，西極新疆疏勒至於葱嶺，北極外興安嶺，南極廣東瓊州崖山」[三三]，而後來的中國，既繼承了「大一統」的傳統理念，又繼承了「五族共和」的國體，歷史「疆域」和現代「國境」，就越來越成為充滿爭議，又值得討論的問題了。

三三　《清史稿》卷五十四《地理一》，一八九一頁。最近，我在美國萊斯大學圖書館看到一幅乾隆年間的《京版天文全圖》，這幅地圖是根據康熙年間的官方地圖重繪的。其右下方的跋語很有意思，不妨抄在這裏。它說，原來康熙版的地圖「山川疆土，都邑封圻，靡不綺分繡錯，方位井然」，但是，那時「台灣、定海，未入版圖，而蒙古四十九旗之屏藩，紅苗八排打箭爐之開闢，哈密喀爾喀西套西海諸地，及河道海口，新制猶闕焉」，也就是說，從康熙到乾隆，大清帝國通過「征戰攻伐」或者「改土歸流」，已經「擴地二萬里」，這一與宋明兩代逐漸收縮的國家進程恰恰相反的擴張，就給「中國」的疆域或國境，帶來了後世難以處理的各種新問題。Rice 大學圖書館藏《京版天文全圖》，約印製於一七八〇－一七九〇年代。參看 Rice 大學歷史系教授 Richard Smith 的解說。http//:Library.rice.edu/services/dmc/about/projects。

第三章　民族：納「四裔」入「中華」

引言：近代中國如何形成「國家」

一九五八年，美國學者列文森（Joseph R. Levenson）在《儒教中國及其現代命運》中對中國從傳統走向近代的過程，做了一個絕大的判斷，他說，「近代中國思想史的大部分時期，是一個使『天下』成為『國家』的過程」。這個後來被概括為「從天下到國家」的說法，揭示了中國從傳統帝國的天下秩序和自我中心的朝貢體系，被迫轉向現代萬國並峙的國際新秩序，也從儒家的文明理想，被迫轉向來自西方近代的普遍準則[一]。毫無疑問，促成這一巨變的最重要原因就是「西潮東漸」。從晚明傳教士的文化影響，到晚清「堅船利炮」打開大門，近代西方的政治制度、科學技術和文化觀念，逐漸使得中國（包括它的自我認識）

一　〔美〕列文森《儒教中國及其現代命運》（鄭大華等譯，北京：中國社會科學出版社，二〇〇〇），八七頁。參見徐中約（Immanuel C. Y. Hsu）《中國加入國際社會》（*China's Entrance into the Family of Nations, The Diplomatic Phase, 1858–1880*, Harvard University Press, 1960）。

發生了巨大轉變[二]。

可是，這種由於「（西方）衝擊——（中國）回應」帶來的巨變，只是近代中國轉化的一面，畢竟中國是一個龐大的傳統帝國，歷史注定它的近代國家轉型，和所有國家（包括近鄰日本）都不同。我以為，在傳統帝國向近代國家的轉型中，中國與其他國家最不一樣的地方，不僅僅是「從天下到國家」，而且也是這裏要討論的「納四裔入中華」。換句話說，現代中國就是在清帝國的疆域和族群基礎上，努力把周邊各種族群逐漸納入一個「中華民族」之中，最後形成的一個龐大的（多）民族的現代「帝國」或「國家」。

我們如果不注意「從天下到萬國」與「納四裔入中華」這兩個歷史進程的彼此交錯，我們無法理解現在這個「中國」。因此在這一章裏，我想進一步說明的是，近代中國之所以一方面被迫「從天下到萬國」，一方面又努力「納四裔入中華」，這一複雜的歷史過程，與以下幾個因素有相當密切的關係：

第一，來自傳統中華帝國思想世界的「一統」意識和「中國」觀念，毫無疑問對中國政治家和知識人重建「中國」的影響很大。

二　一九五〇年代費正清（John Fairbank）與列文森這種理論，近數十年來被激烈批判。這些批判固然有道理，但是，我要補充說明，這種近代主義的「衝擊-反應」模式固然有問題，但是，如果對它做一些修正和補充，它仍然具有巨大的歷史解釋力量。

第二，儘管這種「一統」意識和「中國」觀念的影響很大，然而，更重要的還是大清帝國對四裔的擴張，才是導致後來種種問題的關鍵。因為相繼而起的中華民國與中華人民共和國，繼承了清帝國的民族與疆域，所以，任何有關「中國」的疆域、民族、認同話題，都不能不向上追溯清代歷史。

第三，在有關「中國」的民族、疆域等問題的認知上，國際背景相當重要，但與西方因素相比，日本因素可能更加重要，一八九四年以後來自日本的刺激，始終是中國對疆域、民族和認同問題自我認知的最重要背景。

不過，限於篇幅，在這一章中我僅僅試圖從歷史、尤其是學術史的角度，看看現代中國，包括政治家、歷史學家、考古學家與人類學家，從晚清到民國，是如何在「從天下到萬國」的同時，又努力「納四裔入中華」，建立一個有關「中國」及「中華民族」之論述的[三]。

三　如果不注意這兩個歷史進程的互相交錯，我們仍然無法理解現在這個「中國」，為什麼現代仍然既像一個現代國家，又像一個傳統帝國；也無法理解當下中國為什麼仍然處於周邊國家的離心傾向、現代西方大潮之衝擊與內部不同族群與地區認同之「三重困境」之中；更不會體會到中國學術世界與思想世界，何以既追求國家轉型的現代意味，又特別強調國家的「多元一體」，特別不容易舍棄「漢化」或者「涵化」這樣描述中國的方法。

一、「五族共和」與「驅逐韃虜」：晚清「中國」重建的不同思路

關於晚清民初如何重建「中國」，下面這些歷史舊事，「導論」中已經略略提及，也許讀者已經耳熟能詳，不過我仍要重複提起[四]。

在經歷了鴉片戰爭、太平天國之亂、甲午海戰、戊戌變法、義和團一系列事件之後，二十世紀初，大清帝國處在風雨飄搖之中，外部有來自西方列強和東方日本的肢解壓力，而內部則有革命派對大清王朝合法性的質疑。從一九〇一年起，章太炎等人就反復強調，中國本應是炎帝黃帝子孫所有，但卻被東胡「侵及關內，盜竊神器，流毒於中華」[五]。他所說的「東胡」就是滿族，他認為，滿漢並非同種，「言語、政教、飲食、居處，一切自異於域內」[六]，所以，他把明王朝覆亡看成是中國亡國[七]。這是當時的一大思潮，與章太炎同時，革命者紛紛以漢族民族主義作為推翻清王朝的動員力量，如鄒容的《革命軍》[八]、陳

四　這一部分，也可以參看[日]吉開將人的《苗族史の近代》（一－七），分別刊載於《北海道大學文學部研究紀要》一二四－一三四號（二〇〇八－二〇一一），特別是第一至第三篇。我在給這一著作撰寫書評的過程中，受到很多啟發。我的書評《在歷史、政治與國家之間的民族史》見《南方週末》二〇一二年九月七日。

五　《討滿洲檄》，《章太炎全集》（上海人民出版社，一九八五）第四冊《太炎文錄初編》卷二，一九〇頁。

六　《駁康有為論革命書》，《章太炎全集》第四冊《太炎文錄初編》卷二，一七三頁。

七　《中夏亡國二百四十二年紀念會書》，《章太炎全集》第四冊《太炎文錄初編》卷二，一八八頁。

八　鄒容《革命軍》（中華書局，一九七一）中說，「掃除數千年種種之專制政體，脫去數千年種種之奴隸性質。誅絕五百萬有奇披毛戴角之滿洲種，洗盡二百六十年殘慘虐酷之大恥辱」。一頁。

天華的《警世鐘》[九]，都在鼓吹這種民族主義。

追根溯源，這是宋代以來逐漸形成的新型華夷觀念。和唐代「混一宇內，包容華夷」不同，宋人逐漸覺得，華夷不必互相牽扯，唐代那種追求「好大無窮，華夷中外欲其為一」的龐大帝國，「是崇虛名而受實弊也」[一〇]。此後，除了蒙元和滿清兩代，從宋到明都奉行將中國基本收縮為漢族王朝的策略，這種觀念在晚清轉型為漢族民族主義。這些以漢族民族主義作為動員力量反清的革命者，根據當時的世界潮流認定「今日固為民族主義之時代」[一一]。所以，建設新的中華民國，就要驅逐異族，按照章太炎《中華民國解》的說法，之所以叫「中國」，正與「四裔」相對[一二]，且不說滿洲，就是西藏、蒙古、回部，也不必把它們圈在中華民國之內。沿着這一思路發展下去，那麼，革命後重建的「中華民國」將與宋明一樣，是一個漢族民族國家，而其大致疆域將重新回到明朝的十五省。

不過，另一思路則來自後世稱為保皇派或保守派的人。同樣在一九〇一年，梁啟超發表《中國史敍論》，認定苗種、圖伯特種、蒙古種、匈奴種、通古斯種，與漢族一樣，都應在

九　陳天華《絕命書》（一九〇五），見張丹、王忍之編：《辛亥革命前十年時論選集》第二卷，第一五三頁。

一〇　范祖禹《唐鑑》（上海古籍出版社影印本，一九八一）卷六。

一一　章太炎《駁康有為論革命書》，《章太炎全集》第四冊《太炎文錄初編》卷二，一九七頁。章太炎在《中華民國解》中說，他不是以民族主義為主義，而是以民族主義為手段。《章太炎全集》第四冊《別錄》卷一，二五六頁。

一二　《中華民國解》，「中國之名，別於四裔而為言」。同上，二五二頁。

「中國史」也就是都應當在「中國」之內。為了避免讀者對一個國家諸多民族的特異現象提出質疑，他特別指出，民族本身就是在歷史中不斷變異融合的，就連漢族原本也不是一個單數。他反問道，漢族雖然號稱黃帝子孫，但「果同出一祖乎」[一三]？其實，梁啟超並不是不贊成民族主義，但他不像章太炎那樣，把民族主義當成內部種族革命的動員力量，而是把它當作外部對抗帝國主義的整體觀念[一四]。在這之後的一九〇三年，蔣智由（觀雲）在《新民叢報》第三十一號上發表《中國上古舊民族之史影》，更引用日本學者的說法，贊成苗族是中國最早的土著，而漢族是後來外來人種。實際上，蔣智由並不完全是在表彰「苗先漢後」之說，而是第一，贊同「優勝劣汰」的進化論歷史觀，第二，暗示不要固執於漢族中國的傳統觀念，第三，則刺激中國人要記取古代漢族「披堅執銳」之精神，一洗國恥[一五]。一九〇五年，梁啟超又發表《歷史上中國民族之觀察》，強調「中華民族」普通所說的漢族，並非一個血緣上的單數民族，而是由多個民族混合而成的，「現今之中華民族，自始本非一族，實由多數民族混合而成」[一六]。同年，蔣智由也發表《中國人種考》，贊同拉克伯里的中國人

一三　梁啟超《中國史敍論》第五節《人種》，見《飲冰室合集》（北京：中華書局影印本）「文集」之六，頁五至頁七。
一四　梁啟超《國家思想變遷異同論》，見《飲冰室合集》「文集」之六，頁二十至頁二十一。
一五　觀雲（蔣智由）《中國上古舊民族之史影》，《新民叢報》第三十一號「歷史」，頁一至頁十三。
一六　中國之新民（梁啟超）《歷史上中國民族之觀察》，這時他對於中國民族分類的看法，與《中國史敍論》略有不同。見《新民叢報》第五十六號（光緒三十一年二月十五日），五十七號（光緒三十一年三月初一）。

種「西來説」。他一方面用「西來説」瓦解漢族中國人的固執，一方面又以此鼓勵漢族中國人應當恢復宏大胸襟和包容氣象[一七]。按照梁啟超對於「中國」的想像，雖然中國本部是十八行省，但也應包括屬部，如滿洲、蒙古、回部、西藏，「中國，天然大一統之國也，人種一統，言語一統，文學一統，教義一統」[一八]。

二十世紀初期，這兩種分別來自革命派和保守派的思路，在彼此激烈地交鋒。意味深長的是，不到十年之後，雖然革命派的漢族民族主義激情，在某種程度上幫助他們推翻了滿清王朝，但是在中國，無論什麼人當政都無法承受「割地」、「裂國」的罪名，革命者也無法完全靠軍事實力解決政權轉換，所以只好採取妥協的方法。因此，新的中華民國的國族重建，沿用的卻是保守派的策略。一九一一年清帝發佈《遜位詔書》呼籲保存「五族共和」的國家，「仍合滿、漢、蒙、回、藏五族完全領土，為一大中華民國」，而一九一二年一月中華民國成立，孫中山就任臨時大總統，就宣佈接受「五族共和」的建國方略，在《就職演説》中承諾，為中國領土統一，「合漢滿蒙回藏諸地為一國」，革命派的立場從「排斥」轉

一七　觀雲（蔣智由）《中國人種考》（一），《新民叢報》第三十五號，《中國人種考》（二），《新民叢報》第三十七號。

一八　梁啟超《中國地理大勢論》，載《飲冰室合集》（北京：中華書局影印本）第二冊「文集」之十。七七—七八頁。

為「包容」[一九]。

這一爭論似乎終於告一段落。但為什麼會出現這樣的局面？這裏不能不提一下日本的刺激和影響。

在「導論」中，我曾經說到，一八九四年甲午海戰中日本打敗中國，一八九五年簽訂馬關條約，從中國割去台灣等地。這在中國引起了數千年來最大的思想動盪，使得中國從此不得不由「在傳統內變」轉向「在傳統外變」。然而在日本，這一勝利卻引發了很多對於中國，究竟是「保全」還是「分割」的議論。其中，對中國刺激特別深的，是尾崎行雄的《支那處分案》和有賀長雄的《支那保全策》[二〇]。戊戌變法中的一八九八年，《知新報》第五十五冊（一八九八年六月九日）就翻譯了日本《中外時論報》上的《存中國說》，戊戌

一九　有關此問題的研究很多，參看楊天石《從「排滿革命」到「聯滿革命」》，載楊天石主編：《民國掌故》（北京：中國青年出版社，一九九三），第二〇頁；黃興濤《現代「中華民族」觀念的歷史考察——兼論辛亥革命與中華民族認同之關係》，《浙江社會科學》二〇〇二年第一期；張永《從「十八星旗」到「五色旗」——辛亥革命時期從漢族國家到五族共同建國模式的轉變》，見《北京大學學報》二〇〇二年第二期。周競紅《從漢族民族主義到中華民族主義——清末民初國民黨及其前身組織的邊疆民族觀轉型》，《民族研究》二〇〇六年第四期；孫宏年《辛亥革命前後治邊理念及其演變》，載《民族研究》二〇一一年第五期。

二〇　這兩篇文章或兩人類似內容的演講，都曾被翻譯和刊載多次，可見中國關注者之多，除了下面列舉的之外，前者如演講《支那滅亡論》，載《清議報》七五-七六冊（一九〇一年十一月二日），以及單行本《併吞中國策》（王建善譯，開明書店，一九〇三）。後者則多處刊載，如《外交報》二十九期（一九〇二年十一月十四日）、《經世文潮》四期（一九〇三年八月八日）。

變法失敗後，《亞東時報》第四號（一八九八年十一月十五日）又翻譯了《日本時事報》上的《瓜分中國策》，把中國面臨的嚴峻問題放在了所有中國知識人的面前。特別是第二年即一八九九年一月三十一日，《亞東時報》第五號發表由「飛天道人」翻譯的有賀長雄的《支那保全論》，這篇原來發表在日本《外交時報》上的文章，一開頭就提出這個話題：中國應當被「保全」，還是被「瓜分」[二一]？

這是一八九五年以來日本政界和學界的熱門話題，在當時的日本，一方面想像以日本為亞洲拯救者，擴張日本的空間，從業已割去的朝鮮，延伸到鄰近的滿洲以及蒙古，另一方面則試圖使中國限制在長城以南的漢族區域，轉化為一個漢族國家。當時得到近衛篤麿支持的東亞會和同文會，就以「文明優勝劣汰論」闡述日本在亞洲的主導權，又以「同文同種論」討論中國和日本的唇齒關係[二二]，這就形成了應該以日本為「盟主」拯救東亞的野心，也形成了中國應當放棄四裔的想法。正如日本學者所說，這種傾向是「在日清戰爭爆發的刺激後，（日本）國民對亞洲大陸越來越關心的背景下形成的，也是在日本作為近代國家急劇上升的明治二十年代，日本作為亞洲民族的自覺日益高漲，面對西洋文化表現出主張獨特的東洋文

二一　有賀長雄參與中國政治極深，曾經擔任過袁世凱的顧問，他對於中國的觀點，在日本政界影響也極大。

二二　參看［日］酒田正敏《近代日本における對外硬運動の研究》（東京：東京大學出版會，一九七八）一一三頁；［日］坂野潤治《東洋盟主論と脱亞入歐論——明治中期アジア進出論の二類型》，載佐藤誠三郎等編《近代日本の對外態度》（東京：東京大學出版會，一九七四）三九頁。

化的背景下形成的」[二三]。這使得他們對朝鮮、滿洲、蒙古甚至回疆、西藏，都產生了「有如國土」的感覺[二四]。

主張「保全支那」的有賀長雄認為，中國如果要保全，「乃得二策，一曰自行保全，一曰賴人保全」，可是，根據當下的局勢來看，中國無法自己保全自己，因為列強環伺，中國積貧積弱，沒有力量抵抗。但如果賴人保全，那麼，就要看依賴什麼強國。他分析說有兩種方案，一種叫做「單助」，就是中國乾脆投靠某一個強國，另一種叫做「復助」，指的是「二三強國立約聯盟，以支其殘局」[二五]。而尾崎行雄的《支那處分案》則主張全部吞併中國，就「如元之於宋，如清之於明，如英之於印度」。為什麼？因為他認為，中國人「於朝廷之外，不知有國家」，「民若無國家思想，雖兵力強大，其國必亡」，所以不如趁早瓜分[二六]。無論是「保全」還是「瓜分」，其實都是對中國這個多民族大帝國的肢解。

二三 〔日〕江上波夫編《東洋學の系譜（二）》（東京：大修館書店，一九九二），三頁。

二四 〔日〕桑原騭藏在《從東洋史看明治時代的發展》（一九一三）一文中，曾經以「朝鮮合併」、「東亞稱霸」、「世界一等國家」、「文化的輸出」、「亞洲人的覺醒」為標題，回憶日本的崛起，傳達了當時日本學界的一種普遍興奮。見桑原騭藏《東洋史上より觀たる明治時代の發展》，《桑原騭藏全集》（東京：岩波書店，一九六八）第一卷，五五一-五六三頁。

二五 《保全支那論》（譯自日本《外交時報》），見《清議報全編》（橫濱新民社輯印）第五輯「論中國」，頁七。

二六 〔日〕尾崎行雄《論支那之運命》（《支那處分案》第二章），《清議報全編》（橫濱新民社輯印）第五輯「論中國」，頁九十二至九十三。

可是在中國卻不同。儘管政治家（如孫中山等）也曾有放棄滿蒙的想法，但正如我前面所說，誰也承擔不起「割疆裂土」導致「喪權辱國」的責任，所以，中華民國的政治領袖們，無論是孫中山還是袁世凱，只能維持多民族、大疆域的國家；儘管學者們也曾認同來自歐洲的「民族國家」的理論，但是傳統「大一統」的帝國理念仍然影響深刻，學術界仍然沿着慣性使用着傳統的「中國」或「中華」概念。可以說，恰恰是日本的帝國主義政治意圖，刺激了中國學者重新檢討有關民族、國家的議論，並且重新建立起保全中國的立場。

從民國肇建到五四運動，「中華民族」這個觀念在內憂外患中被廣泛認同[二七]，到了二十世紀二三十年代，在新的危機刺激下，就出現了強調「中華民族是整個的」，試圖不僅從法理上，而且從學術與思想上「納四裔入中華」的趨向。

二、「中華民族是整個的」：二十世紀二三十年代中國學界的新取向

在一九二〇年代，中國最重要的兩個學術潮流，在如何界定「中國」與建立「認同」問題上，實際是潛含了內在差異的。

二七　民國初期，「中華民族」這個詞匯，得到廣泛運用，說明「納四裔（各個族群）入中華」的意識得到廣泛贊同，參看陳連開《中國·華夷·蕃漢·中華·中華民族——一個內在聯繫發展被認識的過程》，載氏著《中華民族研究初探》（北京：知識出版社，一九九四）。

第一個學術潮流，是批判由十九世紀末由日本傳來的拉克伯里（Lacouperie）的「中國文化西來說」理論假設（以及來自這一理論假設的「苗族先於漢族為中國原住民」的說法）[二八]，以及糾正安特生（Johom G. Anderson）通過考古資料提出的（彩陶）文化由西向東傳播的假設。拉克伯里（Lacouperie）的「西來說」在晚清相當流行，而安特生於一九二○年代初期的考古發掘，及一九二三年出版的《中華遠古之文化》（袁復禮節譯），通過從仰韶與中亞的比較，提出彩陶文化由西向東傳播，似乎也證實了「西來說」的可信。但無論如何，大多數中國學者覺得，「西來說」對於中國文化的獨立性和自主性是一個挑戰，儘管晚清有很多學者對此相當認同，但是，中國學者如傅斯年、李濟、何炳松等人，始終試圖以歷史文獻和考古發掘，證明中國文化的本土起源與多元性質，這種很有「民族主義」色彩的歷史立場與考古預設，其意圖顯然是要重新培植中國民族與歷史認同的基礎。

第二個重大的學術潮流，是人所共知的「古史辯」運動。顧頡剛等人在一九二○年代推動的對三代歷史、經典和傳說的重新審查，從根本上說，是一場對傳統歷史學和文獻學的現代性改造，在科學、客觀、中立的現代標準下，那些有關早期歷史的古典文獻，被用「有罪

二八 [法] 拉克伯里（Lacouperie）的《初期中國文明的西方起源》和《漢民族以前的中國諸語言》，通過日本轉手傳來，使中國學界深受刺激，當時便引起了好多討論，很多學者無論是章太炎、劉師培，還是梁啟超、蔣智由等，都受其影響，這當然跟晚清的大思潮有關，此處不詳說。

推定」的眼光重新審查，如果一時無法定案，則用「懸置」的方法，逐漸把傳說（或神話）從歷史中驅逐出去。以前作為中華民族象徵的炎帝、黃帝以及堯、舜、禹，以及過去作為中國神聖經典的古代文獻，其真實性都被激烈地質疑。一九二三年，顧頡剛提出古史辯的綱領即「推翻非信史」，其中包括了：（一）「打破民族出於一元的觀念」；（二）「打破地域向來一統的觀念」；（三）「打破古史人化的觀念」；（四）「打破古代為黃金世界的觀念」[二九]。正因為如此，這場運動才被叢漣珠、戴季陶等人稱為「動搖國本」[三〇]。為什麼？因為「民族出於一元」意味着中國民族有共同祖先，「地域向來一統」象徵中國疆域自古如此，而古史中的傳說人物象徵着民族共同淵源，而古代是黃金時代就暗示了文化應當回到傳統。象徵本身就有一種認同和凝聚力量，對這些象徵的任何質疑，都在質疑歷史之根，瓦解着中國認同的基礎。

在二十世紀二十年代，這兩種在深層思想旨趣上看似相反的學術趨勢，暫時還沒有太大衝突。但是到二三十年代之交，由於民族和國家危機的刺激，這兩種學術趨向，或者說身處這兩種學術趨向中的學者，立場發生了微妙改變。讓我們看看這個時代中國面臨的威脅：早

二九　顧頡剛《與劉胡二先生書》（原載《讀書雜誌》第十一期，一九二三年七月一日），收入《古史辯》（上海古籍出版社重印本，一九八二）第一冊，九六－一〇二頁。

三〇　見胡適日記中所貼的報紙報道，曹伯言整理《胡適日記》（合肥：安徽教育出版社，二〇〇一）第五冊，三八〇－三八二頁。

在一九二一年，龔德柏翻譯了日本人川島速浪的《併吞中國書》，曾引起留日中國學生的激烈反應[三一]，到一九二七年「田中義一奏折」被披露，無論這一奏折真偽如何，它迅速在中國被翻譯和刊載[三二]，更加引起了國人的極大憤慨。到一九二八年之後，中國輿論界日益感受到日本的侵略意圖和實際動作，隨着日本人細野繁勝的《日本吞併滿蒙論》、鶴見祐輔的《觀動亂的中國》、野澤源之亟的《滿洲現狀》、多田駿之《日本對華之基礎觀念》以及白鳥庫吉、淺野利三郎、稻葉君山、佐藤善雄、箭內亙等人對於滿蒙歷史地理的研究著作被翻譯或介紹，報紙雜誌也不斷披露日本學者和學生到滿洲、蒙古、西藏考察的消息[三三]，人們對於日本這樣頻繁地視察滿蒙、發掘東北文物、通過考古與文獻論述滿洲問題，感到非常震驚。

特別引起震驚的是，一九三一年「九一八」事變，東北淪陷，一九三二年滿洲國成立，一九三三年七月，在日本策動下蒙古德王與喇嘛巴圖巴亞爾組織召開「自治會議」，十一

三一　龔德柏譯，[日]川島速浪撰《請看倭人併吞中國書》，《留日學生季報》一期一號（一九二一年三月十五日）。

三二　我看到較早的有一九二七年七月蘇州中學黨義研究會刊行的《驚心動魄之日本滿蒙積極政策——田中義一上日皇奏折》，從一九二七年到一九三一年間，田中奏折有多種版本出版。

三三　從一九二〇年起，中國報刊不斷披露日本人的滿蒙回藏苗的調查與研究，提醒人們注意其背後的野心。如《晨報》一九二〇年十一月十八日《日人圖謀滿蒙之研究熱》、《申報》一九二六年八月三十日《日對華文化局組織滿蒙探險隊》、《中央日報》一九二八年五月三十日《鳥居龍藏赴蒙古調查人類考古學》、《益世報》一九二八年八月十五日《日本學生考察滿蒙》，所以，《益世報》一九二八年十月十六日發表了《窺探滿蒙，日人視察東省者何多》，提醒人們警惕。

月，東突厥斯坦伊斯蘭共和國成立，加上一九三五年所謂「華北自治運動」的出現，使得中國陷入國土被割裂的空前危機中。這促使中國學術界不能不高度關注「四裔」（或「邊疆」）研究，從歷史、地理和民族上反駁日本學界對於滿蒙回藏與中國關係的論述。正如顧頡剛在《禹貢學會研究邊疆計劃書》中所說，「強鄰肆虐，國亡無日。遂不期而同集於民族主義旗幟之下。又以敵人蠶食我土地，四境首當其衝，則又相率而趨於邊疆史地之研究。滿、蒙、回、藏、南洋、中亞，俱得其人」[三四]。一九三二年，華企雲出版了中國現代第一部有關邊疆的著作《中國的邊疆》；傅斯年與他的同事在一九三三年出版了《東北史綱》；一九三四年，顧頡剛與他的同事譚其驤創辦了《禹貢》半月刊。正如顧頡剛所說，在昇平時代，學者不妨「為學問而學問」，但在「國勢陵夷，局天蹐地」的時代，卻只能「所學務求實用」[三五]。在這種政治、思想與學術大背景下，一九三五年十二月十五日傅斯年在《獨立評論》第一八一號發表了《中華民族是整個的》。在這篇文章中，他說中國自從殷周兩代「嚴格政治之約束」、春秋戰國「大一統思想深入人心」，所以才有秦漢統一。「我們中華民族，說一種話，寫一種字，據同一的文化，行同一的倫理，儼然是一個家族」[三六]。

三四　顧頡剛《禹貢學會研究邊疆計劃書》，發表於一九三六年一月二日，後改題《禹貢學會研究邊疆學之旨趣》，見《顧頡剛全集》三十六冊，二一五－二一六頁。

三五　同上，顧頡剛《禹貢學會研究邊疆學之旨趣》，《顧頡剛全集》三十六冊，二一五頁。

三六　《傅斯年全集》（長沙：湖南教育出版社，二〇〇三）第四卷，一二五－一二七頁。

三、「本土」與「多元」：七七事變之前中國學界對中華民族與中國文化的研究取向

讓我們看看一九三七年七七事變前，那個時代中國學術界出現的新變化。

一九二八年，中央研究院成立。按照參與建立中研院的重要人物丁文江的說法，成立中央研究院並推動文史研究，就是試圖為中國尋求認同根基[三七]，因此，傅斯年領導下的歷史語言研究所，無疑是代表當時主流傾向的學術力量。不過，儘管傅斯年多少有一些大漢族主義心態，但在那個時代，他大體上還是秉持接納四裔並使之漢化為中華的歷史觀。因此從一九二八年史語所成立起，他便有意識地提倡兩個方面的學術研究，一個是漢族地區周邊的四裔歷史與語言，一個是中國境內的各種民族遺跡。

這種學術趨向的背後動機，一半是與歐洲、日本的東方學爭勝，另一半則來自對於構成「中國」境內諸民族和各區域全面認識的願望。嚴格地說，這一取向還不能算是民族主義。以「科學」的學術立場，探尋中國文化的本土源起、梳理中國歷史的自主脈絡、考察當下中國民族的情況、調查周邊區域的風俗，是當時中國學界的自覺追求。不過，在一九二〇—一九三〇年代這一波重新了解漢族之外的中國諸民族，掌握中國邊地的經濟、政治、生活資

三七　丁文江《中央研究院的使命》說，「中國的不容易統一，最大的原因，是我們沒有公共的信仰，這種信仰的基礎，是要建築在我們對於自己的認識上，歷史與考古是研究我們民族的過去，語言人種及其他的社會科學是研究我們民族的現在，把我們民族的過去與現在都研究明白了，我們方能夠認識自己」，文載《東方雜誌》（上海）第三十二卷第二號（一九三五年一月十六日）。

料，了解國語之外的各種方言乃至諸異族語言的學術潮流，正如傅斯年《歷史語言研究所工作旨趣》中所說的，畢竟是在西洋和東洋學術的刺激下發展起來的。所以，它一方面有着與西洋東洋「爭勝」的學術性意味，另一方面也毫無疑問地有着抵制西洋東洋有關「中國」的疆域與諸族論述的政治性意圖。

在那個時代，學術與政治始終是如此地分不開。

（一）讓我們看歷史學領域。那個時代的考古學、人類學與歷史學在很多話題上彼此呼應，主要話題之一，就是說明古代中國人種與文化在歷史上的多元構成，以及現代中國內部各個民族的歷史來源。正如我在前面所說，關於中國民族與文化，經過「古史辯」派的衝擊，已經無法再固守「民族出於一元」與「地域向來一統」的說法，經過不少學者的論述，人們也漸漸放棄了中國人種或文化的「西來說」。但是，古代中國究竟由什麼文化板塊逐漸拼合而成？這些文化板塊能否都可以算作「中國」呢？一些學者在歷史文獻的爬梳中，作出大膽的分析。其中，一九二七年，徐中舒在清華研究院的《國學論叢》第一卷一號上發表《從古書中推測之殷周民族》，一反「三代同出一源」的傳統說法，提出殷、周屬於不同民族；同一年，蒙文通出版《古史甄微》，認為中國上古民族可以分為江漢、海岱、河洛三系；而稍後一九三三年傅斯年《夷夏東西說》更提出，古代中國是由東夷和西夏逐步融合而成的，他在第五章《總結上文》中特別指出，他的目的就是要說明古代中國「由部落進為王國（後來又進為帝國）的過程中，東西對峙的總格局」[三八]。

這一觀念，並不僅僅局限於上古起源時代的歷史，也包括貫穿整個民族史的著述。正是在一九三〇年代，出現了最多的中國民族史專書，一九三〇年，繆鳳林的《中國民族史序論》在《史學雜誌》第二卷三－四期上發表之後，幾年中，連續出現了如王桐齡《中國民族史》（一九三四年）、呂思勉《中國民族史》（一九三四年）、宋文炳《中國民族史》（一九三五年）等。這些民族史可能各有異同，但是，大多都在捍衛「中華民族」的本土性和多元性，試圖把中國境內各種民族的歷史，敍述為一個百川歸海的過程。以最早的王桐齡《中國民族史》為例，他把黃色人種按照不同遷移方向，劃分為南三系（苗族、漢族、藏族）和北三系（滿族、蒙族、回族），正如馬戎所說，他「對於中國民族的『南三系』、『北三系』之分類，與民國初年人們常說的『五族共和』的大框架基本上是相互吻合的，只是增加了一個南方的『苗族』」[三九]，而其他各種民族史著作大體上也一樣，都離不開中國為「五族」或者「六族」的基本分類，而這些民族史著作的潛台詞，就是「納四裔入中華」，使中國真正成為「五族共和」的大國家。

三八　傅斯年《夷夏東西說》，《傅斯年全集》第三卷，二二六頁。

三九　馬戎《讀王桐齡〈中國民族史〉》，載《北京大學學報》二〇〇二年第三期，一二五－一三五頁。感謝馬戎先生把他的修訂本傳給我。

（二）我們再來看考古學領域。中國的考古學似乎從一開始建立，就承負着為中國文明尋找源頭和為中國民族劃定邊界的重大責任。以被尊為「中國考古學之父」的李濟為例，他在哈佛大學學的是人類學，他的主要興趣之一，就是在說明中國人的構成和起源。一九二三年他在哈佛大學撰寫的博士論文，題目就是《中國民族的形成》。在這篇論文中他說，中國人分五個主幹部分，即黃帝後裔（漢族）、通古斯族、藏緬語族、勐-高棉族、憶語族，以及三個次要部分，即匈奴、蒙古與侏儒族。而現代中國人種的淵源，主要源於通古斯人侵佔黃帝後裔的地盤，而黃帝後裔又侵佔後三個族群的地盤，因而疊加形成現代的「中國人」[四〇]。儘管如學者所說，李濟的這種看法「無疑是二十世紀初中國知識分子對於國運、世局的一種回應，既是意識形態，也是知識觀點」[四一]，但公平地說，一九二〇年代李濟學術研究主要的思想動機，大概還是在反駁「西來說」，通過體質和語言為「中華民族」尋根，還沒有特別濃重的民族主義意味[四二]。

四〇 李濟：*The Formation of Chinese People*, Harvard，一九二八；中文本《中國民族的形成》，見《李濟文集》（上海人民出版社，二〇〇六）第一卷，五一-二四九頁；特別參看二二一頁。

四一 王道還《史語所的體質人類學家》，見杜正勝等編《新學術之路》（台北：中央研究院，二〇〇三）上冊，一八一頁。

四二 參看查曉英《正當的歷史觀——論李濟的考古學研究與民族主義》，原載《考古》二〇一二年第六期，八二-九二頁。查曉英指出，李濟「的人類史意識至少與其民族主義情緒同樣強烈，他不僅講述某些文化內容是本土自生，也強調諸多外來因素」。同樣，一九二三年史祿國（S.M. Shirokogorov，一八八九-

不過，考古學不尋求民族立場，可是，民族立場卻偏偏要找考古學。正如張光直所說，一九五〇年代以前的中國考古學最主要的特徵是民族主義[四三]。回顧那個起步時代的考古學，無論是史前石器時代還是殷墟遺址發掘，其實，都有一些原本需要證明的疑問（主要是中華文化本土起源論，以及中華民族多源匯融論），作為理解和解釋考古發掘材料的前提。在一九二九年何炳松發表《中華民族起源之新神話》駁斥「西來說」的時侯，他就曾把希望寄托在考古發掘上。這說明人們在很大程度上都在看着考古學家，看看他們如何通過地下實物，駁倒西洋東洋的考古學家，並且通過考古發掘證明，第一，中國人種與文化有着獨立起源，第二，中國人種與文化確實兼容雜蓄，第三，中國各族可以書寫為一部歷史和一個國家。

在這個心情和背景下，一九二九年在北京周口店發現的中國猿人頭蓋骨，便是一個重要的象徵，龍山城子崖黑陶文化的發現，也是一個重要的事件，而安陽考古報告第一期的出版，不僅在某種程度上宣告中國考古學的成立，更在某種程度上重建了中國人種和文化的自生譜系。這些考古學的成果，與前面提到的徐中舒（一九二七）、蒙文通（一九三三）、傅

一九三九）根據在華北進行的體質人類學調查，發表《華北人類學研究》，一九二五年發表的《華東與廣東人類學研究》，更談不上有民族主義意涵。

四三　張光直語，見其《二十世紀後半的中國考古學》，載《考古學專題六講》（北京：三聯書店，二〇一〇年新版）。

斯年（一九三三）等人關於早期中國文化區域即夷夏交互關係的猜測互相發明，大體勾勒出早期中國的歷史脈絡。可以說，這個剛剛成立的中國考古學，它面對的問題並不是考古學的，而是歷史學甚至是民族立場的歷史學的。周口店、仰韶、龍山以及安陽，這一脈相續的考古發現，正好提供了一個中國的人種和文化的脈絡，提供了駁倒「西來說」的鐵證。所以，傅斯年在《城子崖·序》中才會宣示，中國史之最重要的事情是「全漢」的，而「這些問題更大更多，更是建造中國史學知識之骨架」[四四]。

（三）最後再讓我們看人類學領域[四五]。在中央研究院這一方面，一九三〇年，凌純聲、商承祖等人對松花江下遊赫哲族進行調查，發表了《松花江下遊的赫哲族》；一九三三年，凌純聲與芮逸夫等人，又對湘西苗族進行調查，發表了《湘西苗族調查報告》。接下來一九三四年，凌純聲與芮逸夫在浙江麗水對畲族進行調查，一九三五年他與芮逸夫、陶雲達等對雲南彝族進行調查，一九三六－一九三七年，他又與芮逸夫對滇西佧瓦、拉祜、景頗、擺夷各族進行了調查。顯然，主流學界對於民族問題越來越關注，也越來越傾向於把各個邊地族群納入「中國大歷史」中，所以一九三四年四月，原屬社會科學研究所的民族學組被編

四四　傅斯年《城子崖·序》，《傅斯年全集》第三卷，二三五－二三六頁。

四五　這裏，我們雖然用「人類學」一詞，但也包括了後來所說的民族學領域。關於這一領域的歷史，可以參看王建民《中國民族學史》（雲南教育出版社，一九九七）上卷，尤其是第四章《中國民族學的創建》，一〇二－一二二頁。

入歷史語言研究所，成為史語所第四組，民族研究和調查因此匯入了歷史學、考古學與人類學的主流之中。而在中山大學語言歷史研究所方面，一九三〇年，龐新民隨中山大學生物系採集隊去考察北江，撰《廣東北江猺山雜記》，同年一起赴北江調查之姜哲夫，也撰成關於北江猺人的建醮、「拜王」等論文；一九三一年，龐新民又前往廣西猺山考察，撰有《廣西猺山調查雜記》。此外，一九三〇年代，史祿國、楊成志對雲南玀玀進行調查，並在一九三二年由楊成志出版了《西南民族研究》，他們也把注意力放在邊地民族的風俗與文化上。

值得注意的是，這些充滿「人類學」色彩的調查中，表現出來的意圖，與歷史學、考古學一樣，一方面是在與外國學術對話中凸顯中國學術的意識，一方面是在各個民族的調查中實現「納四裔入中華」的意圖。

前一方面，最早如一九二九年中山大學的楊成志，就在一次演講中，他已經把西南民族與中國古籍中的黃帝、蚩尤傳說聯繫起來，認為黃帝和蚩尤是中國苗漢兩族的始祖，指出這些逐漸遷移到邊地山區的民族，中國學者的研究太少，以至於外國人把他們稱為「Non-Chinese」，外國人寫了好多著作，而我國卻沒有自己的著作，真是「國家之恥」[四六]。第二

四六　楊成志《從西南民族說到獨立玀玀》，一九二九；轉引自吉開將人《苗族史的近代》（四），《北海道大學文學部紀要》一三〇號（二〇一〇），五七頁。

年，淩純聲則在《松花江下遊的赫哲族》序文中更說，「現代中國研究民族史的學者，大都是上了歐洲漢學家的老當，毫不遲疑地相信，今之通古斯即古代的東胡」[四七]。他指出，歷史學的進展，已經打破了單一民族起源的說法，把現今各個族群都納入中國文化與人種的來源，如東夷（商）就是源頭之一。這篇號稱「中國的科學民族志的開創性文獻」[四八]，是在與各種國外說法的對話背景中產生的，他對於赫哲族歷史的說法，與傅斯年的「夷夏東西說」一致，也與傅斯年《東北史綱》呼應，說明東北地區在先史時代就與內地相關，反駁了矢野仁一、鳥居龍藏的說法[四九]。在東北之外，關於西南的研究也一樣，方國瑜在一九三六年《益世報》上發表《僰人與白子》，就對西方學界如法國學者伯希和有關泰族為南詔國之說法提出反駁，指出南詔並非泰族建立的國家，意思是雲南仍應當屬於中國[五〇]。

四七 淩純聲《松花江下遊的赫哲族》（中研院歷史語言研究所，一九三四；重印本，上海文藝出版社，一九九〇），一頁。

四八 李逸園曾經指出，民國廿三年（一九三四）淩純聲《松花江下遊的赫哲族》一書之出版，「不僅成為中國民族學研究上的第一本科學民族志，同時也是自一九二二年馬林諾斯基（Malinowski）出版 *Argonauts of the Western Pacific* 之後，至一九三五年間全球文化人類學家致力於基本民族志資料搜集與著述期中，重要的民族志書之一」。見《李逸園自選集》（上海：上海教育出版社，二〇〇二），四三一頁。

四九 參看[日]矢野仁一《滿蒙藏は支那本來の領土に非る論》，在《外交時報》四一二號，外交時報社，一九二二。

五〇 關於僰人的問題，[美]葛維漢（D.C. Graham，曾在成都華西大學任教）於一九三二年曾經以英文在《華西邊疆研究學會雜誌》（*Journal of the West China Border Research Society*）第五卷發表短文，題為《四川省的古白人墳》（*Ancient White Men's Graves*），另外，芮逸夫撰有《僰人考》（《史語所集刊》第二十三本上，

後一方面，凌純聲的《松花江下遊的赫哲族》就已經表現出這種傾向，正如學者所說，它「依據中國古籍文獻梳理了從隋唐時期黑水靺鞨，歷經遼金以及明清時期的演變過程，很明顯可以看出，他的這一做法就是後來眾多學者所說帶有『國族主義』觀念色彩，將赫哲族納入到中華民族的譜系當中，以此給這一人群以定位」[五一]。而凌純聲依據一九三三年調查撰寫的《湘西苗族調查報告》，則有感於鳥居龍藏的苗族調查，從起源、分佈、名稱、演變等等方面，暗示了「苗漢同源」的觀念[五二]。他的助手、本身即為苗人的石啟貴，更在《湘西苗族實地調查報告》中從歷史、地理、生產、歌謠、語言等方面，論證了凌純聲等人並沒有明確的說法，通過苗、漢兩族在族源、語言、姓名、習俗等方面的相似性，進一步論證「苗漢同源論」[五三]。漢苗學者的這些結論，在某種意義上就是把西南的苗族納入整體國族。而一九三四—一九三六年間陶雲逵對雲南麼些族進行了調查，他撰寫的《關於麼些之名稱分佈與遷移》更指出，麗江一帶「唐初迄於宋末，雲南土族，在地方上握有實際政權，漢官實等於虛設，一切均是羈縻性質。至元世祖平滇，土族勢力始漸漸消滅。元於開闢雲南功績最

一九五一）。

五一　李金花《何為通古斯——從比較視野看史祿國與凌純聲的通古斯人歷史研究》，載《文化學刊》二〇一二年第一期，一一一—一一五頁。

五二　凌純聲、芮逸夫《湘西苗族調查報告》（重印本，北京：民族出版社，二〇〇三）序文。

五三　參看張秋東《「文化獵奇」與「政治自覺」——凌純聲等與石啟貴的湘西苗族研究比較分析》，《樂山師範學院學報》第二十五卷三期（二〇一〇年），一〇八—一一二頁。

大，沒有他這一陣狂風，雲南到現在是否屬於中國，實是個問題」。這話反過來說，就是在元代以後，當地土族勢力的消退，使得這個邊地與異族都納入了大中國[五四]。在這裏，人類學家們既在凸顯中國學術獨立意識，批評西洋東洋學者的看法，又在努力地凸顯「納四夷入中華」的民族立場，論證一個「中華民族大家庭」的存在。

如果說，考古學界有關北京猿人、龍山黑陶、安陽殷墟的成績儘管巨大，但只能說明殷、周核心地區的文化，那麼當時的很多歷史學家、考古學家和人類學家，更試圖在中原之外的四裔疆域內，尋找「四裔」融匯到「中華」的文化遺跡，說明現在這個「中國」在古代雖然分成不同文化系統，但也是互相聯繫並且互相融匯的。傅斯年在《新獲卜辭寫本後記》中討論「祝融之宗」時說過一段很有意思的話，他說，早期南方荊楚之人「本分了很多族類，以地望的不同，自有生熟之別。中原的祝融孑遺，當是夷為僕隸，附庸者多，能遠遁的少。荊楚之興，固當是生祝融，不當是由中原遁去的族姓之恢復。猶之女真兩次進到中國，皆是生人進來，不是自中國退出的重回來。進來後，過些時便全是中國人了。而今黑龍江、吉林東境，猶存些非漢化的女真」[五五]；而李濟也說了一段同樣很有意思的話，他說，中國古

五四　陶雲達《關於麼些之名稱分佈與遷移》，載《歷史語言研究所集刊》第七本第一分（一九三六），一一六頁。

五五　《傅斯年全集》第三冊，一三一頁。

史研究者應當「打倒以長城自封的中國文化觀，用我們的眼睛，用我們的腿，到長城以北去找中國古代史的資料，那裏有我們更老的老家」[五六]。他更注意到中國文化與人種與周邊區域之聯繫，在《中國上古史之重建工作及其問題》一文中說，中國文化不是一個孤立的世界，它的來源「可以從黑海，經過中亞草原，新疆的準喀爾，蒙古的戈壁，一直找到滿洲」[五七]。而剛剛從美國回來加入李濟考古隊伍的梁思永，也正是在其父梁啟超鼓勵下，為了反駁西洋人關於中國人種與文化外來的說法，也為了反駁東洋人把「中國」僅僅局限在本部之內的說法，把目光延伸到了東北[五八]，那裏不僅僅是鳥居龍藏等人反復考古發掘的地方，而且正好是日本人始終試圖把它（滿蒙）說成是「中國」之外的區域。

一九二〇－一九三〇年代的中國學術，正是在一方面與西洋東洋在「誰來解釋中國」問題上，堅持中國人種與文化的「本土獨自起源」，一方面則在「如何解釋中國」的問題上，努力「納四裔入中華」而逐漸發展起來。

五六　李濟《記小屯出土之青銅器（中篇）後記》，《李濟文集》第五卷。

五七　李濟《中國上古史之重建工作及其問題》，《李濟文集》第一卷。

五八　梁思永《昂昂溪史前遺址》（《史語所集刊》第四本第一分，一九三二）提到安特生、鳥居龍藏。他駁斥了日本把滿洲地區文化獨立化的說法，指出「昂昂溪的新石器文化，不過是蒙古熱河的新石器文化的東枝而已」。四四頁。

四、「中華民族到了最危急的時候」：日本侵略背景下中國學界心情的轉變

前面說到，一九三一年「九一八」事變，一九三二年滿洲國建立，一九三三年「東突厥斯坦伊斯蘭共和國」成立，一九三五年所謂「華北自治運動」，在一九三七年七七事變之前，中國學術界就已經被巨大的危機感籠罩。如果仔細觀察，我們不難看出，那個時代中國學者的心態變化是很微妙的，正如所謂「救亡壓倒啟蒙」一說所揭示的，在大敵當前的危機中，中國學者往往選擇的是「救亡」，正是在「救亡」的背景中，各種有關邊疆與民族的論著紛紛出現[五九]。

不妨先通過三個學術雜誌創刊時的序文，看看柳詒徵的思想變化。眾所周知，柳詒徵是一個堅持「中國文化本位立場」的學界領袖，他的思想軌跡很能反映當時學界觀念和情感之轉化。一九二一年，柳詒徵和他的朋友創辦《史地學報》，在創刊號序文中，柳詒徵強調中國學界應當擴大知識領域，並且特別強調與外國學術競爭。他說，學者決不能坐井觀天，特別是不能在中國歷史與地理的學問上向外國人俯首稱臣，他覺得如果這樣，「匪唯不能爭衡於並世，且舉先民之已知者而失墜之」[六〇]。一九二六年，柳詒徵在《史學與地學》雜誌創

五九　馬大正、劉荻《二十世紀的中國邊疆研究》（黑龍江教育出版社，一九九八）開列了當時出版的各種有關論著，並指出這類著作二十世紀三十年代最集中，是「愛國救亡社會運動的產物」。七七頁。

六〇　柳詒徵《史地學報序》，載《史地學報》一卷一期（一九二一年十一月）第一頁。

刊「弁言」上，再次強調歷史與地理並重，並認為傳統中國學問，一壞於八股科舉，二壞於學校教材，三壞於商業出版，所以使中國學者對外國學問大為震驚，序文中強調的，一方面仍是史地知識之重要性，一方面也還是捍衛中國學術本位，與外國東方學相抗衡的立場。但是，在九一八事變之後的一九三二年九月，他在《國風半月刊》上寫「發刊辭」，雖然還是堅持他的文化和學術立場，但讀者會明顯感受到「國運」與「危機」的深刻影響，柳詒徵一連三次用了「嗚呼」這個沉痛的感嘆詞，憂慮中國即將陷入宋季晚明、甚至比宋季晚明更加悲慘的命運，他大聲疾呼，不能讓「聲名文物挫折而從夷狄」，呼籲學術要在這種非常時期「隆人格而升國格為主」[六一]。

「靈台無計逃神矢」，東南一系學人如此，當時作為學術主流的學者也是如此。在巨大的民族危機下，很多文史學者開始轉變。以當時學界的中心人物之一顧頡剛為例，原本他並不相信「中國漢族所居的十八省，從古以來就是這樣一統的」，他覺得「這實在是誤用了秦漢以後的眼光來定秦漢以前的疆域」，他反復強調所謂「向來統一」只是一個「荒謬的歷史見解」[六二]。但是，僅僅幾年以後，他卻把歷史論述的重心，從說明原本並不是一統的中國，

六一　所以，他在一九四二年寫的《國史要義》（上海：商務印書館，一九四八）序文中，才強調「疆域之正，民族之正，道義之正」，他說「疆域不正則恥，民族不正則恥」，以上參看陳寶雲《學術與國家：史地學報及其學人群研究》（安徽教育出版社，二〇一〇）的有關論述。

六二　見顧頡剛一九二六年所作《秦漢統一的由來和戰國人對於世界的想像》，載《顧頡剛全集》第六冊，三三頁。

變成了強調大中國疆域合法性。在《禹貢半月刊》出版之後的一九三六年，顧頡剛與史念海等合作，編了《中國疆域沿革史》，在第一章《緒論》中顧頡剛就說，「在昔皇古之日，漢族群居中原，異類環伺，先民灑盡心血，耗竭精力，辛勤經營，始得近日之情況（指現代中國）」。他追溯「皇古」，認為「疆域之區劃，皇古之時似已肇其痕跡，自《禹貢》以下，九州、十二州、大九州之說，各盛於一時，皆可代表先民對於疆域制度之理想」。很顯然，這與一九二〇年代疑古領袖的形象已經相當不同，他一方面用了「皇古」一詞，隱隱上承章太炎等人所謂「皇漢」，凸顯着漢族民族主義的意蘊，一方面又強調「先民擴土之不易」，容納了梁啟超等人提倡的「五族共和」之觀念。似乎他逐漸放棄了古代中國人種不出於一源、疆域不應是一元的疑古立場，而開始轉向「納四裔入中華」，論證一個「中國」和一個「中華民族」。

限於篇幅，我們在這裏無法細說中國學界思想轉變的過程，但是有一點不妨注意。一九三〇年以後，中國輿論普遍注意到，日本人對於滿蒙的關注，學術領域中，濱田耕作《自考古學上觀察東亞文明的黎明》、小川琢治《中國古民族底研究》之外，很多對於滿蒙的論著引起了中國學界的關注，政治領域中，所謂滿洲建國、蒙古獨立的說法，如宗光彥《日本人滿蒙殖民論》等，更激起了全國的憤慨。這對學界的轉向，有很大的刺激，我們在這裏不妨說一個小插曲。一九三三年，日本人與內蒙古王公會談，鼓動蒙古人脫離中國而獨立，這個時候，顧頡剛一生仰慕的女性學者譚慕愚（惕吾）親身進入內蒙，調查這一事件，並且於一九三三年十二月底連續在燕京大學演講，講述「百靈廟會議經過及內蒙印象」，揭發內蒙獨立與日本陰謀之關係。顧頡剛在日記中，一連好幾天記載這件事情，並說自己「遂有研究邊疆問題之志」，很顯然，譚女士的調查與演講，在某種程度上對顧頡剛的思想轉向產生了很大影響，甚至有可能在一定程度上，刺激第二年他與譚其驤合辦《禹貢半月刊》[六三]。

五、「中華民族是一個」：從一九三九年《益世報》上的爭論說起

一九三七年，終於爆發「七七」事變，緊接着北平淪陷，日軍不斷南侵，中國軍隊節節敗退，國府也逐漸向西南遷移，四川、雲南以及貴州、廣西成了國民政府最後的根據地，研究院、大學與學者也逐漸轉到西南，往日的邊緣成了如今的中心，而以前不在焦點中的邊疆，如今也成為學界關注的重心。

作為象徵性事件的，是一九三八年十二月十九日顧頡剛在《益世報》創辦「邊疆週刊」

六三　《顧頡剛日記》（台北：聯經出版公司，二〇〇七）一九三三年十二月三十一日。譚慕愚（惕吾）對於顧頡剛之重要性，參看余英時《未盡的才情——從〈顧頡剛日記〉看顧頡剛的內心世界》（台北：聯經出版公司，二〇〇七），特別是一一八頁。

並且撰寫了「發刊詞」，呼籲人們不要忘記「民族史和邊疆史」，來「抵禦野心國家的侵略」[六四]；緊接着在一九三九年一月一日，顧頡剛在《益世報》新年一期上，發表《「中國本部」一名亟應放棄》一文，他說（中國本部）這個詞「是日人偽造、曲解歷史來作竊取我國領土的憑證」。二月份，他又連日撰寫《中華民族是一個》，明確提出「凡是中國人都是中華民族」，並且鄭重宣佈，今後不再從中華民族之內另外分出什麼民族，也就是漢滿蒙回藏苗等等。這篇文章二月十三日起在《益世報》發表後，引起了中國學界的巨大反響，不僅各地報刊加以轉載，張維華、白壽彝、馬毅等學者也紛紛加入討論[六五]。前些年與他漸生嫌隙的傅斯年，儘管主張在國家危機之時，寫信勸他不要輕易地談「民族、邊疆等等在此有刺激性的名詞」，不要在《益世報》上辦「邊疆週刊」，但也對顧頡剛關於「中華民族是一個」的觀念表示贊同，覺得他「立意甚為正大，實是今日政治上對民族一問題唯一之立場」。在一封致朱家驊、杭立武的信件中，傅斯年痛斥一些民族學家拿了帝國主義的科學當令箭，「此地正在同化中，來了此輩學者，不特以此等議論對同化進行打擊，而且專刺激國族分

六四　顧頡剛《邊疆週刊·發刊詞》，見《寶樹園文存》（四），《顧頡剛全集》第三十六冊，三一九—三二一頁。

六五　顧頡剛《中華民族是一個》，見《寶樹園文存》（四），《顧頡剛全集》第三十六冊，九四—一〇八頁。參見《我為什麼寫〈中華民族是一個〉》，同上，一〇九—一一六頁。關於這篇文章的巨大影響，請參看周文玖、張錦鵬《關於「中華民族是一個」學術論辯的考察》，載《民族研究》二〇〇七年第三期，二一一頁。

化」[六六]。

傅斯年之所以不贊同顧頡剛辦《邊疆週刊》，據顧頡剛說，是「登載文字多分析中華民族為若干民族，足以啟分裂之禍」，顧頡剛正是為了回答傅斯年，消除他和其他學者的疑慮，寫了《中華民族是一個》這篇文章[六七]；而傅斯年所說的「民族學家」，主要是指吳文藻和費孝通。留洋回來的民族學家吳文藻、費孝通，據說由於他們在抗戰之際仍在國內進行民族識別，甚至承認「中國本部」即傳統中國為長城以內十八省的說法，引起了傅、顧等歷史學家的憤怒。

事到如今再平心而論，吳文藻、費孝通等人類學家或民族學家的思路，無非是一些專門從事民族學的專家，接受西方學界的「民族」定義，希望從體質、語言、文化等方面進行中國的民族識別。他們這些民族學家對於「民族」和「國家」的認知，顯然與那些歷史學家的「民族」和「國家」認知不一樣。比如，費孝通就在回應顧頡剛的文章中認為，民族和國家不同，在政治意義上建立的國家，主要保證的是每個人的平等，但一個國家的認同，不必抹殺不同民族在體質、語言、文化上的區別，所以在一個中國之內，仍然可以有滿、漢、蒙、

六六　傅斯年《致朱家驊、杭立武》（一九三九年七月七日），載《傅斯年遺札》（台北：中央研究院歷史語言研究所，二〇一一）第二卷，一〇一二-一〇一八頁。
六七　《顧頡剛日記》（台北：聯經出版公司，二〇〇七）第四卷（一九三九年二月七日），一九七頁。

回、藏、苗的差異[六八]。不過，他們也許根本沒有想到歷史學家們會把這種「民族識別」看成是「刺激國族分化」，也沒有理解抗戰時期學術界關於國家、民族以及疆域的思想大潮流。所以，在一兩個回合辯論之後，費孝通很快就沉默了。據他自己多年後回憶說，「後來我明白了顧先生是急於愛國熱情，針對當時日帝國主義在東北成立『滿洲國』，又在內蒙古煽動分裂，所以義憤填膺，極力反對利用『民族』來分裂我國的侵略行為。他的政治立場我是完全擁護的。雖則我還是不同意他承認滿、蒙是民族是作繭自縛或是授人以柄，成了引起帝國主義分裂我國的原因。而且認為只要不承認有這些『民族』就可以不致引狼人室。借口不是原因，卸下把柄不會使人不能動刀。但是這種牽涉到政治的辯論對當時的形勢並不有利，所以我沒有再寫文章辯論下去」[六九]。

費孝通的沉默，象徵着這種取消「五族共和」強調「中華民族」的思潮，已經逐漸成為抗戰中的中國學界的共識。我們看到，來自學界的爭論風波與輿論壓力影響了政黨與政府，此後，國民政府不僅成立有關西南的各種委員會，國共兩黨也都對西南苗彝發表看法，連

六八　費孝通《關於民族問題的討論》，《益世報》一九三九年五月一日。

六九　費孝通《顧頡剛先生百年祭》，《費孝通文集》（北京：群言出版社，一九九九）第十三卷，二六－二七頁。後來有人指出，費孝通晚年提出的「中華民族多元一體格局」的理論，其實也「稍稍改變了自己單方面去強調民族為『多』的立場，而是暗中將顧頡剛所主張的觀念也部分地吸納了進來，成為了一種更具有包容性的『多元一體格局』的主張」。見趙旭東《一體多元的族群關係論要》，《社會科學》二〇一二年第四期，五三頁。

教育部史地教育委員會、邊疆教育委員會，也特別要確認教材的「民族立場」和「歷史表述」。這種觀念得到了政界和學界的一致贊同，傅斯年就說，要把「三民主義、中國史地、邊疆史地、中國與鄰封之關係等編為淺說，譯成上列各組語言（指藏緬語、撣語、苗語、越語、蒲語）」[七〇]，而顧頡剛和馬毅也說，要重新書寫歷史教材，「作成新的歷史脈絡」、「批判清末以來由於帝國主義污染而導致的學界支離滅裂」[七一]。

尾聲：「同一血統的大小宗支」：蔣介石《中國之命運》的中華民族論

在「中華民族到了最危急的時候」，主流學界完全回向了當年梁啟超以文化界定國家與民族問題的思路，概括地說就是：第一，中華民族包括漢族，是由歷史上各個民族融合而成的，第二，漢滿蒙藏回苗各個族群，都是中華民族的一部分，第三是「民族」不是「人種」，它的主要內容是由文化而不是由血緣或體質決定的，第四，中國就是這個叫做中華的民族國家，在危機時刻必須堅持「本是同根生」的團結。而在這個時代成為最重要聲音的，就是一九四二年蔣介石的《中國之命運》。在這份由他本人起草、陶希聖等人潤色修訂的文

七〇 見《傅斯年信札》第二卷，一九四二年二月，一二二九頁。

七一 據顧頡剛與馬毅一九四一年六月向民國政府教育部第二屆邊疆教育委員會提交的《建議訂正上古歷史漢族驅逐苗族居住黃河流域之傳說，以掃除國族團結之障礙案》（重慶：中華民國教育部編，一九四一）。

獻《中國之命運》第一章《中華民族的成長與發達》中，他把中國境內各個族群比喻成「同一血統的大小宗支」，並特意指出，從歷史上說中國可以上溯到三千年前，從疆域上說，中國包括了黃河、長江、黑龍江和珠江，從民族上說，中國包括了契丹、女真、蒙古和滿族，在中華民族中，他們都被同化，「融為一體，更沒有歧異的痕跡」。於是，他說——

「就民族成長的歷史來說，我們中華民族是多數宗族融合而成的」[七二]。

在那個時代充滿民族情感與國家意識的學界中人看來，這無疑就是實現了「納四裔入中華」的大策略。儘管那個時候，背景中還有一些並不一致的雜音，但這個基調仍然成了這個危機時代的主旋律[七三]。

七二　蔣中正《中國之命運》（三青團平津支部印，一九四六），二–三頁。

七三　值得注意的，是《中國之命運》發表以後，代表中共的陳伯達等撰寫了《評〈中國之命運〉》（新華書店晉察冀分店，一九四四），陳伯達的批評文章中，把蔣介石有關中華民族中各族為「同一血緣的大小宗支」，說成是法西斯的血統論，其實，他的主要依據仍然是，（一）民族乃是「共同的語言，共同的地域，共同的經濟生活（經濟生活的聯繫性）以及表現在共同文化上的共同心理結構」，（二）中國歷史上是多民族，由於殘酷的鬥爭而不是和睦地相融，逐漸才同化。不過，儘管陳伯達的「鬥爭同化」論也同樣有漢族民族主義色彩，但是，他卻批評《中國之命運》由此引申出「大漢族主義，欺負國內弱小民族」。四–八頁。

第四章　歷史：從長時段看中國文化

引言：為什麼要討論中國文化的複數性？

幾年前，我曾經在一次論壇中提出一個說法，就是「中國文化傳統是複數的，而不是單數的」，當時說這個話，只是為了表示一種擔心，即隨着中國的「膨脹」，中國會出現重返傳統，強調國學，高唱愛國的趨向。那個時候，我心中的疑問是，現在講「國學」會不會窄化為漢族之學，講「傳統」是否會把漢族中國文化窄化為儒家一家之學？這種強調中國文化復興的潮流，會不會導致一種危險的極端趨向，即布熱津斯基（Zbigniew Kazimierz Brzezinski, 1928–）在《戰略思維》（*Strategic Vision*）中所謂的「崛起之後的自我錯覺」[一]？如果是這樣，它很容易和現在中國流行的所謂「漢服運動」、「祭炎黃、祭女媧」、「尊孔讀經」等等社會潮流結合起來，把尊重傳統文化和強調認同，在所謂「文化自覺」的論述

一　我沒有看到此書，據說，二〇一二年二月十四日，布熱津斯基曾經與中國領導人習近平見面，並親手贈送此書。關於「崛起之後的自我錯覺」，乃引自《南都週刊》二〇一二年第七期的報道《習近平在美國》一文。

下，變成推動文化民族主義甚至是國家主義。因此，我在很多場合，反復說明中國文化的複數性也就是中國文化的複雜性、包容性與開放性。

幾年過去了，我仍然持這樣的想法。但是，在這一章裏我更希望從中國歷史的角度，通過中國文化在幾千年歷史中不斷疊加，凝固，再疊加，再凝固的反復過程，說明中國文化傳統為什麼是「複數」的？也想通過中國文化在晚清民初以後的百年，漸漸處於斷續之間的狀況，說明複數的中國文化傳統，在今天為何仍然需要持開放的胸懷，接受各種外來文化的再次「疊加」。

一、什麼才是「中國的」文化？

請讓我從「什麼才是中國的文化」這個問題講起。

這些年來，我曾在很多場合批評某些論述中國文化的方法，因為研究中國文化的著作或者論文，常常是用一種概論（或者說宏觀）的方式，高屋建瓴地，也是籠統地介紹所謂「中國文化」。可是我覺得，要講清什麼是中國文化，「中國」兩字是相當重要的，因為「文化」是每個民族都有的，你只有講清楚，這個文化是中國有（或比較明顯），而其他國家沒有（或者較不明顯），或者說華人世界有（或比較明顯）、其他民族沒有的（或者較不明顯），這才是比較「典型的」中國文化，你不能把那些「非典型的」東西統統敘述一遍，就算是中國文化了[二]。

那麼，什麼才是典型的「中國的」文化？這裏先以漢族中國的文化為主來討論，必須承認，自古以來漢族文化是中國文化的主脈和核心。我曾經在一次演講時說到，特別能呈現漢族中國的文化的，簡單地說，可能可以歸納為五個方面：

第一個是漢字的閱讀書寫和用漢字思維，古代傳說中由於倉頡造字，「天雨粟，鬼夜哭」。這雖然是神話，但是正說明漢字對於形塑中國文化的意義。使用象形為基礎的漢字，而且至今還使用這樣的文字來思考和表達（其他各種文化大體上已不再使用象形為基礎的文字），這在漢族中國人的思考方法和意義表達上，確實影響深遠而巨大[三]，不僅影響了中國

二 [美]亨廷頓（Samuel P. Huntington）在《文明衝突與世界秩序的重建》（*The Clash of Civilization and the Remaking of World Order*，黃裕美中譯本，聯經，一九九七）中曾經說到「血緣、語文、宗教和生活方式是希臘人的共同點，也是他們有別於波斯人和其他非希臘人之處」（三六頁），那麼，漢族中國人同樣是因為包括族群、語文、宗教和生活方式等文化元素，與其他民族區分開來。當然，亨廷頓對於「文化」與「文明」並不是區分得那麼清楚。

三 漢字與表音文字不同，很多字是「象形」的，像日月木水火手口刀等等，還有很多字需要更仔細的更複雜的表述，於是就別出心裁加上一些，像刀口上加一點是「刃」而不是刀背，手放在樹上是「採」，牛關在圈裏是「牢」，這是「會意」。會意不夠用，更加上聲音來標誌不同，於是有了「形聲」，像江河松柏等等。但是，由於基礎還是「形」，很多漢字意思是可以從字形或結構中猜測的，而且很多字的意義也是從象形的字中孳生出來的，像「木」指樹，而「木」在「日」中，即太陽從東方升起，就是「東」。「日」是太陽，如果它落在「草」中，那麼就是「莫」（暮）。「手」象徵力量，而手持木棒，就是掌握權力的「尹」、是威嚴的「父」，可如果是下面加上「口」，表示動口不動手的，就是「君」。漢字影響了人的思考和想像，也

文化，而且還影響到周邊即所謂「漢字文化圈」。

第二個是古代中國的家庭、家族、家國結構，以及這種以傳統鄉村秩序、家族倫理、家國秩序基礎上發展出來的儒家學說，也包括儒家的一整套有關國家、社會和個人的政治設計（它與希臘羅馬城邦制基礎上發展起來的文化相當不同）[四]，以及延伸出來的修齊治平的思想[五]，構成了古代中國的日常生活和政治生活的傳統[六]。

第三個是所謂「三教合一」的信仰世界。傳統中國有所謂「儒家治世，佛教治心、道教治身」的說法[七]，儒道佛各種宗教彼此相處，互為補充，任何宗教都沒有超越性的絕對和

四 使中國人有了「望文生義」的閱讀和思考習慣，而中國人對於文字的崇拜和信仰，可以參看胡適《名教》一文，《胡適文集》（北京：北京大學出版社，一九九八）第四冊第一卷，五一-六二頁。

五 [美] 許鉅光《東西方文化的差異及其重要性》認為，中國文化與西方文化的一個差異，就是西方文化強調個人的自我依賴（self reliance），而中國文化強調群體的互相依賴（mutual dependence），載其《文化人類學新論》（張瑞德中譯本，台北：聯經出版事業公司，一九八〇）附錄，二三六頁。

六 「修齊治平」即「修身」、「齊家」、「治國」、「平天下」。[美] 費正清在《美國與中國》（中譯本，北京：商務印書館，一九七三）一書中曾經說，從誠意格物致知，到修身齊家治國平天下的說法，曾經在古代中國是學者的信條，但是「從希臘人的眼光來看它，不過是一串奇特的、不合理的推論而已」。六四頁。在這一方面，可以參看費孝通《鄉土中國》（原刊於一九四八年，上海人民出版社，二〇〇六年重印本）和許鉅光《祖蔭下：中國鄉村的親屬、人格與社會流動》（原名：*Under the Ancetor's Shadow*，王芃、徐隆德中譯本，收入《許鉅光著作集》二；台北：南天書局，二〇〇一）的研究。

七 宋孝宗《原道辯》，此文後來易名為《三教論》，參見史浩《鄮峰真隱漫錄》卷十。這篇在宋代很罕見的針對韓愈的論文，本來在理學漸漸興盛的南宋初期，是很容易激起反彈的，為什麼宋孝宗以皇帝之尊，來寫這樣一篇東西？很值得思考，而且它確實曾經引起范成大、史浩、程泰之的不同議論，參看李心傳《建炎以來

唯一，因而也沒有超越世俗皇權的權威，彼此在政治權力的支配下可以兼容。由於在皇權的絕對權威之下，中國不像西方那樣存在着可能與皇權分庭抗禮的宗教[八]，佛教、道教以及後來的天主教、基督教、伊斯蘭教等等，都只有漸漸向主流意識形態和倫理觀念屈服[九]，改變自己的宗教性質和社會位置，在皇權許可的範圍內作為輔助性的力量，當然，同時它也使得宗教信仰者常常沒有特別清晰和堅定的宗教立場，形成所謂「三教混融」的實用性宗教觀念，雖然宗教沒有那種信仰的絕對權力，但也很少宗教之間的戰爭，這大概是世界其他很多區域或國家都罕見的[一〇]。

第四個是理解和詮釋宇宙的「天人合一」思想、陰陽五行學說，以及從這套學說基礎

朝野雜記》（北京：中華書局，二〇〇〇）乙集卷三《原道辯易名三教論》。

八　這一傳統的形成，應該經歷了從東晉到唐代關於「沙門不敬王者論」的爭論，到唐代終於由官方裁定，宗教徒必須禮拜父母與君主，即必須接受傳統的「孝」與「忠」，即古代中國傳統的家庭倫理與政治倫理。參看葛兆光《七世紀前中國的知識思想與信仰世界》（《中國思想史》第一卷）第四編第六節《佛教征服中國？》，五六八-五八一頁。

九　參看葛兆光《屈服史及其他：六朝隋唐道教的思想史研究》（北京：三聯書店，二〇〇三）。

一〇　正因為「三教合一」，古代中國的宗教世界，與政教合一、宗教擁有絕對影響力的伊斯蘭世界不一樣，與西方中世紀曾經能和政權相頡亢、成為西方精神和文化來源的基督教世界也不一樣，甚至與佛教、神道教擁有極大勢力與權威的日本也不一樣。

上發展出來的知識、觀念和技術一一，這種學說來源相當早一二，後世不僅影響到中醫、風水、建築一三，甚至還包括政治、審美等等一四。

一一　「陰陽」既可以被比擬成日月、天地，也可以被象徵君臣、上下，從陰陽中進一步引申出來的冷暖、濕燥、尊卑、貴賤，而且也暗示了一系列的調節技術；「五行」在古代中國，是宇宙中最基本的五種基本元素「金木水火土」，但是「五行」在宇宙、社會、人身中有種種匹配的事物和現象，甚至對應人的五種品德「仁義禮智聖」，人們普遍相信「五行」可以歸納和整理宇宙間的一切，如五色、五聲、五味、五方、五臟、五祀等等，否則，社會就會混亂，宇宙就會無序。

一二　關於五行說的緣起，有很多論述，在現代考古資料上，可以參看馮時《上古宇宙觀的考古學研究》（《史語所集刊》第八十二本第三分）介紹二〇〇六年十二月—二〇〇八年八月發掘之安徽蚌埠市雙墩一號墓春秋時代的鍾離國（前五一八年滅於吳）墓。此墓的發掘報告發表於《考古》二〇〇九年七期。值得注意的是，（一）墓上封土與墓內填土，皆由五色青、白、赤、黑、黃混合，與五色五方五行觀念有關，（二）五色封土之下有白色石英細紗砌築之圓璧遺跡，可能與蓋天觀念有關。

一三　近年來考古發現的一些早期文獻，如湖北張家山出土漢簡《引書》裏面也說，不僅是治理國家要「尚（上）可合星辰日月，下可合陰陽四時」，就連人的生活，也要和「天地四時」對應配合，就是「治身欲與天地相求，猶藁龠也」，天地的規律像四季，也影響着人的生活，所以，人要像天一樣「春產，夏長，秋收，冬藏，此彭祖之道也」，如果人與天的「燥濕寒暑相應」，就可以求得永恆。

一四　在古代中國人的心目中，凡是仿效「天」的，就能夠擁有「天」的神秘與權威，於是，這種「天」的意義，在祭祀儀式中轉化為神秘的支配力量，在占卜儀式中轉化為神秘的對應關係，在時間生活中又顯現為神秘的希望世界，支撐起人們的信心，也為人們解決種種困厄。不僅是一般民眾，就連掌握了世間權力的天子與貴族，也相信合理依據和權力基礎來自於「天」，秦漢時代皇宮的建築要仿效天的結構，漢代的墓室頂部要繪上天的星象，漢代皇家的祭祀要遍祭上天的神祇，祭祀的場所更要仿造一個與天體一致的結構，在人們的心目中，「天」仍然具有無比崇高的地位，天是自然的天象，是終極的境界，是至上的神祇，還是一種不言自明的前提和依據。

最後一個是在「天圓地方」的宇宙論影響下，形成的古代中國非常特殊的天下觀，以及在這種天下觀基礎上，發展出來一種看待世界的圖像，在這樣的天下想像下，古代中國還形成了以朝貢體制為基礎的國際秩序。

如果你拿這五個方面跟基督教文明比，跟伊斯蘭世界比，甚至跟東亞、南亞也相信佛教，也用儒家律令的區域比，你會發現這才是「中國」的「文化」。所以，我一直希望，不要用「放之四海皆準」的宏大概念和空洞語詞（比如中國文化強調「中庸」、講究「倫理」、重視「家庭」等等），來抽象和泛泛地定義中國文化。而更應當指出的是，這些文化的來源是複雜的，絕不僅僅是「儒家」與「理學」、「五經」與「經學」可以籠罩的，也不僅僅是現在所謂的「國學」可以涵蓋的。

二、究竟什麼是「中國」？漫長的「中國」形成史

但是，問題仍然沒有解決，因為「中國」仍然是一個需要定義的概念，以上所說的各種文化現象，雖然貫穿中國歷史數千年，一直處於主流位置，但仍然只是漢族文化，如果我們承認，「中國」並不只是漢族中國，所以，上述「中國的」文化傳統，仍然無法簡單地認為它就是「中國文化」。

越來越多的考古和歷史證據表明，自古以來，各個王朝（中國）就與當時王朝之外（域

外）的文化，有着或密切或疏遠的交換關係。即使在過去認為相對封閉的上古時期，在中國這塊土地上，與周邊的文化、種族、宗教、物品上的交融也相當密切。上古三代中，各個朝代血統都未必像古史傳說中「黃帝之苗裔」那麼單純[一五]，比如商代，它真的是一個「漢族」或「華夏族」嗎？傅斯年（一八九六—一九五〇）就不那麼認為，他說，殷人就是「夷人」，殷商建立的王朝，是東夷與西夏衝突交融，甚至是「夷人勝夏」的結果，他還提醒人們，向來被認為是後來中國文化源頭的齊魯，其實也是夷人的中心[一六]，還有人更說，殷商的文化淵源「與日後的通古斯族群文化，有相當的關係」[一七]。

即使這些說法只是猜測，但是，那個時代各種文化的交融，一定是很頻繁的。以目前發掘與研究最為成熟的河南安陽殷墟為例，李濟（一八九六—一九七九）就在一九三二年一篇有關殷墟考古的報告中說，過去認為夏商周一線單傳，純粹是古代中國的殷墟文化，其實是多元的，骨卜、龜卜、蠶桑、文身、黑陶、玉琮等等來自東方，青銅、空頭錛、矛等來自中亞、西亞，稻米、象、水牛、錫等來自南亞[一八]。即使到了華夏禮樂成熟的周代，南蠻北狄

一五　像《史記》說夏禹「黃帝之玄孫而帝顓頊之孫也」，說殷契出自帝嚳，而帝嚳也是黃帝的曾孫，說周后稷的母親也是帝嚳元妃，說起來也是黃帝的後代。四九頁，九一頁，一一一頁。

一六　見傅斯年一九三五年發表的《夷夏東西說》，《傅斯年全集》（台北：聯經出版事業公司，一九八〇）第三冊，八六四頁。

一七　許倬雲《我者與他者：中國歷史上的內外分際》，北京：三聯書店，二〇一〇。九頁。

一八　李濟《安陽最近發掘報告及六次工作之總估計》，《李濟文集》（上海人民出版社，二〇〇六）第二卷，

西戎東夷仍然頻頻進入華夏，過去傳說中「斷髮文身」的越族，「信巫鬼重淫祀」的楚人，也漸漸進入周王朝的文化範圍[一九]。雖然「禮樂」成為周代文化共同體的同一象徵，然而，北方的三晉、東邊的齊魯、南面的荊楚、西面的戎秦、中原的鄭衛，卻各自發展着各自的文化[二〇]，只是在封建諸侯制度的約束下，共同構成複雜、多元和鬆散的周代文明。在我看來，那種整齊同一、秩序井然、邊界清楚的「周文化」，恐怕更多地是一種後世的追懷和想像，就像把周禮歸之於周公的制作一樣。其實，大體能夠稱為周文化核心的，主要是兩個傳統的交織，即「禮樂傳統」與「巫史傳統」。

現在看來，春秋戰國孔子之前，人們對於所謂「文化」或「傳統」，其實處在一種並不

二八〇－二八五頁。他曾經提出，中國古史研究者應當「打倒以長城自封的中國文化觀，用我們的眼睛，用我們的腿，到長城以北去找中國古代史的資料。那裏有我們更老的老家」，見李濟《記小屯出土之青銅器（中篇）後記》，《李濟文集》第五卷，一三三頁。他在《中國上古史之重建工作及其問題》一文中也提出，中國文化不是一個孤立的世界，它的來源「可以從黑海，經過中亞草原，新疆的準喀爾，蒙古的戈壁，一直找到滿洲」，《李濟文集》第一卷，三三三頁。

一九　《左傳》宣公三年（公元前六〇六年）記載楚子征討陸渾之戎，而陸渾之戎居然就在今河南嵩縣，即東周王都洛陽附近，可見楚、戎與華夏在地域上的交錯。當然，楚子居然試圖覬覦周王朝王權的象徵物九鼎，也說明當時各個族群都已經是同一政治共同體「中國」（周）的組成部分。

二〇　有一種說法認為，陰陽、五行、八卦的觀念，分別來源於三種不同的占卜技術，即龜卜、卦卜、枚卜，代表了古代中國東方、西方和南方的不同文化，直到東周即戰國末期，才逐漸綜合起來，「發生了一次蕭牆內的大融合」，並附上了種種道德和政治的解釋。見龐樸《陰陽五行探源》，載《中國社會科學》一九八四年第三期。

「自覺」而只是「自在」的狀態，看上去「混沌」的和諧，其實包孕着種種「七竅」的差異。正是因為如此，「禮崩樂壞」的時代，恰恰成為「文化啟蒙」的時代，這個時代的到來，便導致「百家往而不返，必不合矣」的分化現象，孔子、墨子和老子等學者，儒、墨、道等等潮流，加上各種各樣衝突的知識、信仰和風俗，正是在這個多元而分裂的時代產生的，正如余英時先生（一九三〇—二〇二一）所說，「道術將為天下裂」的時代，正是中國思想的「軸心時代」，也恰恰提供了後世各種思想與文化的無盡資源[二一]。

因此，秦漢一統王朝繼承下來並且擴而大之的「中國」[二二]，原本是一個雜糅了各種種族、思想、文化和地域，彼此混融交錯的空間。不過，漢族「中國」的民族認同、國家意識和文化取向，卻在秦漢大一統時代，將這些雜糅的元素第一次凝固成型，從《呂氏春秋》到《淮南子》的思想兼容（即所謂包容百家的「雜家」），從《春秋繁露》到《白虎通》的思想整合（即罷黜百家的「王霸道」），開始形成「中國的」文化世界，而「中國的」文化認

二一　余英時《綜述中國思想史上的四次突破》，原為二〇〇七年名古屋日本中國學會五十九屆大會上的演講《我與中國思想史研究》，原載《中國文化史通釋》（香港：牛津大學出版社，二〇一〇）。又，余英時《天人之際》，載《人文與理性的中國》（余英時英文論著漢譯集，上海古籍出版社，二〇〇七）。特別是一－七頁。最近，余英時先生又對這一問題做了進一步的闡發，見《天人之際——中國古代思想的起源試探》，載陳弱水編《中國史新論（思想史分冊）》（台北：聯經出版公司，二〇一二），一一－九三頁。

二二　《史記》卷六《秦始皇本紀》引《過秦論》說秦統一，「南取百越之地，以為桂林、象郡」，「使蒙恬北築長城而守藩籬，卻匈奴七百餘里」。二八〇頁。

同，也逐漸在來自「匈奴」、「西域」、「西南夷」等等的壓力下，開始浮現[二三]。

應該承認，由於秦代推行「一法度、衡石丈尺，車同軌，書同文字」[二四]，漢代實行「罷黜百家，獨尊儒術」[二五]，以想像與傳說中「九州」為中心區域的「中國」開始出現，以「華夏」為核心的漢民族開始形成，以天下中央的意識、陰陽五行的觀念、王霸道（儒法）雜之的政治、漢字書寫的習慣、宗族倫理的秩序等等為基礎的「中國文化」開始成型。那個時代的「中國」，既是《史記·秦始皇本紀》中所說的「地東至海暨朝鮮，西至臨洮、羌中，南至北向戶（指向北開窗才能見日的極南方），北據河為塞，併陰山至遼東」[二六]，也是司馬遷《史記·貨殖列傳》中「漢興海內為一」一句以下對中國的自我描述，說明古代中國對於「中國」的認知，到了司馬遷那個時代，西面是關中、巴蜀、天水，南面到番禺、儋耳，北面是龍門碣石、遼東、燕涿，東面是海岱、江浙，這已經大體劃出「疆域」，它表明「中

二三　比如漢代銅鏡銘文常常在「胡虜」或「四夷」的對照下出現「國家」字樣，如「侯氏作鏡四夷服，多賀國家人民息，胡虜殄滅天下服，風雨時節五谷熟」；而司馬遷《史記》中的《大宛列傳》、《匈奴列傳》等等，就已經通過周邊異國異族的存在，說明「中國」意識的萌生。

二四　《史記》卷六《秦始皇本紀》，二三九頁。

二五　《漢書》卷五十八《董仲舒傳》記載董仲舒上書建議，「諸不在六藝之科、孔子之術者，皆絕其道，勿使並進」，其目的是「統紀可一，而法度可明，民所知從矣」，就是在漢帝國建立同一的政治與文化。二五二三頁。

二六　《史記》卷六《秦始皇本紀》，二三九頁。

國」的初步形成[二七]。

長達四百餘年的兩漢，似乎確立了「中國」的文化世界。但是儘管如此，中國與周邊的文化接融仍然沒有停歇。實際上，從秦漢到魏晉南北朝再到隋唐，四方輻輳，彼此交融的情況更加明顯，特別是東漢之後到隋唐時期，更是一個各種異文化重鑄中國文化的一個重要時期。請允許我用最粗略的方法簡單敍述：

（一）從民族上來說，秦漢時代，西方與西域三十六國、北方與匈奴，南方與百越，南北朝時期與鮮卑、羌，交往都相當多，各種種族互相融合[二八]，以至於西晉時代充滿焦慮的漢族文人士大夫江統要寫《徙戎論》來警告人們[二九]，警惕這一種族混融雜居的狀況。其實，不止是北方胡漢之間的交融，南方也一樣，譚其驤就曾經指出，無論北方人還是南方人，中古時期都雜糅了很多異族的血緣，現在湖南一帶的漢人，其實在中古時期也吸收了很

二七　《史記》卷一百二十九《貨殖列傳》，三二六一－三二七〇頁。

二八　正如佛經中描述的，「一一國中，種類若干，胡漢羌虜，蠻夷楚越，各隨方土，色類不同」。見《法苑珠林》卷二《界量部第五》，《大正藏》第五十三卷，二八〇－二八一頁。

二九　《晉書》卷五十六，一五二九－一五三〇頁。在江統之前，傅玄曾經提出「胡夷獸心，不與華同，鮮卑最甚……宜更置一郡於高平川，因安定西州都尉募樂徙民，重其復除以充之，以通北道，漸以實邊」。另一位郭欽也提出過「裔不亂華，漸徙平陽、弘農、魏郡、京兆、上黨雜胡」等策略。分見《晉書》卷四十七《傅玄傳》，一三二二頁；卷九十七《北狄匈奴傳》，二五四九頁。

多「蠻族」的血脈[三〇]。到了隋唐，突厥、吐蕃、回紇相繼崛起，波斯、天竺人遷入，粟特、沙陀人處處皆是，中國已經成為一個胡漢混融的文化共同體，胡人未必會有外來異族的感覺，而漢族也未必就有絕對的優越感[三一]。就連李世民的長子李承乾，都特別好「胡風」，喜愛突厥語言與風俗[三二]，而胡人則很多都在中國的中心區域並進入上層，不妨舉兩個小小的例

三〇　見譚其驤《近代湖南人中之蠻族血統》，載《史學年報》第二卷第五期，一九三九；後收入葛劍雄編《長水粹編》（石家莊：河北教育出版社「二十世紀中國史學名著」，二〇〇〇），二三四-二七〇頁。

三一　參看蘇其康《文學、宗教、性別與民族——中古時代的英國、中東、中國》（台北：聯經出版事業公司，二〇〇五）的「丙篇」，二三七-三六五頁。特別是引言《絲路上的胡人》，二三七-二四一頁。又，《北史》卷九十二《韓鳳傳》記北齊宦官韓鳳（本漢人）所謂「恨不得遇『漢狗』飼馬。又曰：刀只可刈『漢賊』頭，不可刈草」，又常常說「狗漢大不可耐，唯須殺卻」云云，可見也有漢人以胡人自居，即做「假洋鬼子」的現象。

三二　據《新唐書》卷八十《太宗諸子》說，他讓手下「數十百人習音聲，學胡人椎髻」，而他自己「好突厥言及所服，選貌類胡者，披以羊裘，辮髮，五人建一落，張氈，造五狼頭纛」，自己還扮演死去的胡人可汗，學習胡人的習慣，與兄弟分隊戰鬥，三五六四-三五六五頁。有趣的是，在唐代或唐代之前，習胡語還是時髦，如《顏氏家訓》卷上《教子篇》記載，北齊有一士大夫，就很自豪自己的兒子學鮮卑語、彈琵琶、「以此伏事公卿，無不寵愛，亦要事也」。但是到了宋代，士大夫官員會說胡語竟然成為一種過錯，甚至會被認為有裏通外國的嫌疑而被治罪，如歐陽修《贈刑部尚書余襄公神道碑銘》中記載，余靖（安道）主張與西夏和議，並親自談判成功。但是卻因為「坐習虜語，出知吉州」，甚至被仇家中傷，回歸鄉里。見《歐陽修全集》（北京：中華書局，二〇〇一）卷二十三，三六七頁。這一資料，劉子健早就指出，在《討論北宋大臣通契丹語的問題》短文中他說，「儒臣不學這種夷語的末技，多半用通事通譯，反映中國文化自我中心的態度，對於外國情形不夠注意，並且通外國語還可能被君主懷疑，帶上一頂帽子，說是有可能私通外國的嫌疑」，見《兩宋史研究論集》（台北：聯經出版事業公司，一九八七），八九頁。

子，印度的瞿曇氏，可以幾代成為唐王朝的高級技術官僚[三三]，波斯薩珊王朝（Sassanian）君主與貴族、僧侶，也可以成為大唐臣民甚至長安市民[三四]。很多異族或者異國人後來都融入中國，不僅成為中國人而且成為所謂京兆人或長安人[三五]。正因為異域血緣融入漢族，才出現了陳寅恪所說的「取塞外野蠻精悍之血，注入中原文化頹廢之軀，舊染既除，新機重啟，擴大恢張，遂能別創空前之世局」的大唐盛世現象[三六]。

（二）再說物品的交流，看過謝弗（Edward H. Schafer）的名著《撒馬爾罕的金桃——

三三　一九七七年在西安長安縣發現印度人瞿曇氏的墓志，上面寫着「法源啟祚，本自中天（中天竺），降祉聯華，著於上國，故世為京兆人也」。這個來自印度的瞿曇氏，和佛陀本是一個種姓，隋唐之際來到中國以後，五代人都在長安居住，並且以他們熟悉的天文曆法星占之學，成為中國的官員，著有《開元占經》，翻譯了《九執歷》。參看晁華山《唐代天文學家瞿曇蜦墓的發現》，載《文物》一九七八年十期。

三四　據《舊唐書》卷一九八《西戎·波斯傳》等文獻記載，波斯薩珊王國末代君主伊嗣候（Yazdagird）之子卑路斯（Peroz），在其國被阿拉伯人滅掉之後，逃到中國，在唐高宗咸亨四年（六七三）和五年（六七五）兩入長安，其隨從在中國建立了「波斯寺」，即瑣羅亞斯德（祆教）的寺院，他的兒子和隨行的貴族、隨從、僧侶有好幾千人，也都隨之而定居中國。參看方豪《中西交通史》（長沙：岳麓書社重印本，一九八七）上冊的論述。

三五　《周書》卷四《明帝紀》引皇帝詔書「三十六國九十九姓，自魏氏南徙，皆稱河南之民。今周室既都關中，宜改稱京兆人」。五五頁。《隋書》卷三十三《經籍志》史部譜系類序「後魏遷洛，有八氏十姓，咸出帝族。又有三十六族，則諸國之從魏者。九十二姓，世為部落大人者，並為河南洛陽人」。九九〇頁。

三六　陳寅恪《李唐氏族之推測後記》，載《金明館叢稿二編》（北京：三聯書店「陳寅恪文集」，二〇〇一）三四四頁。

唐代的舶來品研究》即中文翻譯為《唐代的外來文明》[三七]，以及勞費爾（Berthold Laufer）的名著《中國伊朗編》的[三八]，就會知道，在中古時期，不僅各種珍奇、藥物、香料、葡萄、紫檀、蓮花，也包括百戲、胡舞、胡服、胡粉等紛紛進入中國，就出現了所謂「胡音胡騎與胡妝，五十年來競紛泊」（元稹《法曲》）的現象，這一點無須我在這裏多說。

（三）再看宗教的方面，來自印度與西域的佛教、本土崛起的道教、來自中亞甚至更遠地區的三夷教（火祆教、景教、摩尼教），紛紛湧入中國，無論在西域、在敦煌，還是在長安，各種宗教既互相衝突也互相融合。各種文化的交融與衝突的程度有多深呢？這裏也舉一個例子，八世紀中葉大約在四川成都編成的禪宗史書《歷代法寶記》裏面，就記載了佛教與摩尼教、景教衝突的故事，說明在秣賓（今新疆）就有來自南亞、西亞乃至歐洲的三教之衝突，而這種衝突的故事，不僅已經傳入內地，還刺激着內地宗教的發展[三九]。更加重要的是，紛紛湧入中國的各種外來宗教，一方面引起了傳統儒家的危機感，一方面也在危機感產生的抵抗中，漸漸彼此匯合生成新的思想與文化[四〇]。

三七　謝弗（Edward H. Schafer）著，吳玉貴譯《唐代的外來文明》（西安：陝西師範大學出版社，二〇〇五）。

三八　勞費爾（Berthold Laufer）著，林筠因譯《中國伊朗編》（北京：商務印書館，一九六四，二〇〇一）。

三九　參看榮新江《〈歷代法寶記〉中的末曼尼及彌師訶》，載《中古中國與外來文明》（北京：三聯書店，二〇〇一），三四三頁以下。

四〇　瞿兑之《讀〈日本之再認識〉》中說，「唐代也不純是中國。因為唐朝是民族大混合的時代，唐朝各地方常常看見日本、新羅的學生僧侶，波斯的商賈，印度的婆羅門僧，南洋的昆侖奴，以及其他，與中國人雜居齊

所以近年來，越來越多的學者，反對過去把古代中國視為「封閉」、「內向」和「保守」的說法，也反對把近代中國看成是由於西方衝擊，中國被迫回應的觀點，開始強調中國的一貫開放性。二〇〇〇年有兩本書很有趣，美國學者韓森（Valerie Hansen）出版的一本中古中國史新著，書名就叫「開放的帝國」（The Open Empire），她認為，古代中國就是一個外向的，生機勃勃的帝國[四一]。而同一年，另一個美國學者衛周安（Joanna Waley-Cohen）在他的近代中國史著作中，也討論了早期中國的世界主義，從政治、宗教、商業各個方面來反駁中國史封閉和內向的說法[四二]。

三、中國文化的混融與疊加狀態：在宋代出現轉折

我在一篇論文中，曾經討論過「宋代中國意識的凸顯」，說明古代中國原本對於種族、

齒。而所謂的中國人者，自帝室皇親以至公卿大夫學士，下至兵卒，又無不摻有漢末以來各胡種的血液。所有的風俗都是混同的，甚至語言文字，早都帶有變化的色彩」。他下面還舉了元稹和白居易的例子，說明元稹是拓跋氏的後裔，白居易也是九姓胡之一，「因為種族的關係，所以詩格也略與漢人不同」。見其《銖庵文存》（沈陽：遼寧教育出版社，二〇〇一），一二九頁。

四一 [美] 韓森《開放的帝國：一六〇〇年前的中國歷史》（*The Open Empire: A History of China to 1600*, New York and London, Norton & Company, 2000；中文本，梁侃、鄒勁風譯，南京：江蘇人民出版社，二〇〇九）。

四二 [美] 衛周安《北京的六分儀：中國歷史中的全球趨向》（*The Sextants of Beijing: Global Currents in Chinese History*, New York and London: W. W. Norton & Company, 2000）。

文化和宗教的開放心懷和疊加狀況，在宋代逐漸發生轉變，經過中古時期疊加了很多異族色彩的漢族中國文化，在這個時代第二次重建、清理並且再次凝固，形成了影響至今的中國文化傳統，當然，這是一個既舊且新的新傳統[四三]。

八世紀中葉以來，突厥、波斯、粟特、回鶻、吐蕃、沙陀等等各種非漢族人因為戰亂大量湧入，一直到十世紀中葉的五代十國，各種異族紛紛進入內地，不僅帶來族群的問題，也帶來宗教的問題，這對傳統居於中心的漢族文明有很大的威脅。雖然宋代初步一統，然而宋代的北方異族政權遼（契丹）、夏（黨項羌）、金（女真）以及後來的蒙古，都對漢族政權虎視眈眈。正如日本學者西島定生所說，「宋代雖然出現了統一國家，但是，燕雲十六州被契丹所佔有，西北方的西夏建國與宋對抗，契丹與西夏都對等地與宋同稱皇帝，而且宋王朝對遼每歲納幣，與西夏保持戰爭狀態，這時候，東亞的國際關係，已經與唐代前期雄踞天下、冊封周邊諸國成為藩國的時代大不一樣了，從這一狀況來看，東亞從此開始了不承認中國王朝為中心的國際秩序」[四四]。於是，在自我中心的天下主義遭遇挫折的時候，自我中心的民族主義開始興起。這顯示了一個很有趣的現實世界與觀念世界的反差，即在民族和國家的

四三　葛兆光《「中國」意識在宋代的凸顯——關於近世民族主義思想的一個遠源》，原載《文史哲》二〇〇四年第一期，收入《宅茲中國：重建有關「中國」的歷史論述》。

四四　[日]西島定生《中國古代國家と東アジア世界》（東京：東京大學出版會，一九八三）第六章《東アジア世界と日本史》六一六頁。

地位日益降低的時代，民族和國家的自我意識卻在日益升高[四五]。

這種情況影響到了中國文化史的巨大變化，即全力捍衛漢族文化、強行推廣漢族文化。對異族文化的高度警惕，在某種程度上形成這個時代的「國是」，即上下一致的思想與文化共識。「中國」在「外國」的環繞下，凸顯出自己的空間也劃定了有限的邊界，從而也在文化上開始逐漸成為一個「國家」，「漢文化」在「異文化」的壓迫下，不再像唐代或唐代之前那樣，滿不在乎地開放自己的領地，大度地容納各種異類，而是漸漸確立了自己獨特的傳統與清晰的邊界[四六]。

這個重新強化漢族王朝的權力，捍衛漢族中國文化傳統的思潮，是從中唐就開始的，從韓愈以來，這種在政治上、文化上都可以稱為「尊王攘夷」的趨向，就在危機感很深的知識群體中浮現，陳寅恪先生曾經指出韓愈在建立儒家道統、掃除章句繁瑣、排斥佛道以救政俗、排佛申明夷夏大防、改進文體以利宣傳、獎掖後進促進學說流傳等六方面的意義。從文

四五　這一轉變相當重要，這使得傳統中國的華夷觀念和朝貢體制，在觀念上，由實際的策略轉為想像的秩序，從真正制度上的居高臨下，變成想像世界中的自我安慰；在政治上，過去那種傲慢的天朝大國態度，變成了實際的對等外交方略；在思想上，士大夫知識階層關於天下、中國與四夷的觀念主流，也從溥天之下莫非王土的天下主義，轉化為自我想像的民族主義。

四六　參看鄧小南《祖宗之法》（北京：三聯書店，二〇〇六）第二章《走出五代》中關於胡漢問題的消解的論述，特別是九二—一〇〇頁。

化史上說，這就是重新建立漢族文化的權威和排斥異族文化的侵蝕[四七]。這種文化取向一直蔓延到宋代，我們可以看到，宋代前期朝廷重建禮儀，經學家以《春秋》之學鼓吹尊王攘夷，史學家對於唐代興亡和五代社會問題進行反省，於是，出現從石介的《中國論》到歐陽修、章衡、司馬光關於「正統」之討論。這究竟是一種什麼樣思想取向和文化潮流？同時我們也看到，宋代士大夫在面對新的國際秩序挑戰之外，還要面對國內的合法性危機衝擊。原因很簡單，因為這個新王朝已不再是天生擁有權力的貴族政權，趙宋王朝為什麼合法，皇帝為什麼是神聖的和權威的，都需要格外重新論證。這就是為什麼宋王朝從建立之初，就要一方面祭天封禪、祀汾陰、製造天書事件，一方面要重回三代，制禮作樂，制定新政策，保證與士大夫共治天下的原因。

特別是，古代中國始終是以三代為最高理想的，因此，宋代不僅是皇帝（如真宗與徽宗）對於文化的復古更新很有熱情，官僚士大夫無論保守還是激進（如王安石和朱熹），也極力支持「一道德同風俗」，這一理想連一般士紳也受到鼓動，這對人們重新確立這個帝國的文化邊界與思想路標，尤其有明顯的影響。

四七　陳寅恪《論韓愈》，載《金明館叢稿初編》（上海：上海古籍出版社，一九八〇），二八五–二九七頁。

四、重建漢族中國文化新傳統：宋代以及後來的巨變

正是在這種背景下，宋代開始在國家（朝廷）和士紳（地方）雙重推動下，逐漸重新建立了以漢族傳統、儒家倫理為中心的文化同一性，正如我在《中國思想史》第二卷中所說的，正是在國家用「制度」，士紳以「教化」，兩方一致的推動中，一些儒家原則被當做天經地義的倫理道德確定下來，按照這種原則建立有序生活的制度也被認同，並逐漸推廣到了各個地區。像家庭、宗族秩序的基礎「孝」、國家秩序的觀念基礎「忠」，都成了籠罩性的倫理，就連原來是化外的宗教（如佛教道教）也必須隨時注意皇權的存在。來自古老儒家儀式的禮儀制度，也漸漸擴展到各個區域的民眾生活中，成了新的習俗，一些被「文化」拒絕的生活習慣與嗜好被確定為錯誤，比如所謂的過度飲酒、貪戀美色、聚斂財物，以及個性強烈的表現，即酒色財氣，被越來越當做可恥的習慣。用現代的語言來說，就是在漢族中國國家空間中，倫理道德的同一性被逐漸建構起來，普遍被認同的文化世界開始形成，並奠定了中國人的日常生活[四八]。

「中國文化」似乎在宋代再一次重建和凝固成「漢族中國的文化」，前面我們所說的「中國的」文化的特點，其實就是在這個時代再次被塑造、被奠定、被日常化的。正如國際

四八　葛兆光《七至十九世紀中國的知識思想與信仰》（《中國思想史》第二卷）第二編第三節《國家與士紳雙重支持下的文明擴張：宋代中國生活倫理同一性的確立》。三五六—三八六頁。

學界都承認的「唐宋變革說」指出的，在唐宋之間，中國發生了巨大變化，宋代中國的文化與此前的漢唐中國文化，其實很不一樣。由於有了「他者」，它開始有了「排他性」，因而是「中國的」文化，是「漢族的」傳統。毫無疑問，這個文化，正是後來中國文化的核心和主流，但是，它並不是一切，也不是一成不變的中國文化。然而，對於「中國」來說，歷史相當詭異，宋代重建了以漢族為中心的文化，再次確定了儒家為基礎的倫理，形成了漢族的中國意識。

值得特別說明的是，儘管宋代重建了漢族中國文化，形成了新的傳統，但是後來中國歷史中又有兩次巨大的轉折和變化。對於中國文化來說，蒙古與滿清兩次進入漢族文化區域，並且由非漢族統治中國，又給中國帶來更多異民族血緣，更多非漢族的異族文化，也給中國拓展了原本的疆域，在這些時代，所謂「中國的」文化傳統，就越發不容易界定。

繼契丹、女真統治華北之後，十三—十四世紀的蒙古文化，隨着政權更迭進入整個漢族中國，這些非漢族文化對於中國文化世界的影響其實很深，至今我們對這一至少長達一個世紀的「胡化」或「蒙古化」的研究還不很充分。後來明太祖朱元璋所說「元處華夏，實非華夏之儀，所以九十三年之治，華風淪沒，彝道傾頹」[四九]，雖然有些誇張，但是所謂「上

四九　朱元璋《大誥序》，《全明文》（上海，上海古籍出版社，一九九〇）第一冊，五八六頁。

下無等」、「辮髮左衽」等等異族風俗，確實影響很深[五〇]。據說當時華北的漢族中國人包括士大夫，已經對胡漢之分很不敏感[五一]，所謂「天下污染日深，雖學士大夫，尚且不知此意」[五二]，這已經導致「宋之遺俗，消滅盡矣」[五三]。

異族文化再次疊加和積澱在漢族文化之中。蒙古人的「辮髮椎髻」、「胡樂胡舞」、「胡姓胡字」，在漢族中國流行了近一個世紀，以至於人們「俗化既久，恬不為怪」[五四]。而草原民族帶來的「馳馬帶劍」之風，上下無別的禮儀，和進入城市後的奢靡生活，也給漢族文化傳統帶來威脅。甚至蒙古、回回與漢族通婚，婚喪禮俗也影響到漢族的家族倫理。經歷一個世紀的蒙古統治，宋代「一道德，同風俗」的努力，似乎遭到很大的消解，異族文化與漢族文化的交錯融匯，已經到了很深的程度。在漢族傳統觀念中，最重要的文化象徵（衣冠、風俗、語言），最重要的社會秩序（士農工商、鄉村宗族），似乎都出現了問題。因此，在漢族再一次取得政權的明初，在皇權的推動下，新政權曾經有過一個「去蒙古化」的運動：不穿胡服，不用胡姓，重建儒家禮儀，恢復儒家秩序，文化重心轉回本土十五省，似

五〇 《明太祖實錄》卷一七六，二六六五-二六六六頁。
五一 一個很有趣的例子是何柄棣曾經提到的，原本具有鮮卑血統的文人元好問，在政治上卻認同女真人所建立的大金，在新的蒙古帝國統治之下，又以編選漢族文學特徵很重的《中州集》，保留對金國文脈的歷史記憶。
五二 劉夏《陳言時事五十條》，《劉尚賓文續集》（《續修四庫全書》影印本，一三二六冊）卷四，一五五頁。
五三 王禕《時齋先生俞公墓表》，《全元文》（北京：中華書局，二〇〇一）五十五冊，六一八頁。
五四 《明太祖實錄》卷三十，五二五頁。

乎明代中國又一次重回漢家天下，明代人曾經認為，明代初期的文化變革，是「新一代之制作，大洗百年之陋習……真可以遠追三代之盛，而非漢唐宋所能及」[五五]，似乎中國的文化世界再一次凝固與重建，又守住了傳統漢族文化的邊界[五六]。

但是，弔詭的是歷史的再一次曲折，又打斷這個重建漢族中國文化傳統的進程，一六四四年滿清入關以後，正如我在「導論」中所說，中國逐漸包容了滿、漢、蒙、回、藏、苗諸多民族，成為一個「多民族大帝國」，各種異族文化諸如宗教信仰、生活方式、思想觀念、語言形式等等，又再一次容納到「大清」這個大帝國文化系統之中。一直到一九一一年中華民國成立，及一九四九年中華人民共和國成立，都無法改變，人們接受了《清帝遜位詔書》提倡的「合滿、漢、蒙、回、藏五族完全領土，為一大中華民國」，國家繼承了大清帝國遺留下來的國土疆域，那麼，這種能夠稱為「中國的」文化，顯然已經再度突破了前面我所說的，具有五個特徵的漢族中國文化。

那麼，中國文化的「複數性」，是否要兼容滿、蒙、回、藏、苗的文化？現在，中國興起的國學熱和傳統熱，面臨的問題就在這裏，它面對本來是複數的文化，卻作了單數的選擇。

五五　《皇明條法事類纂》卷二十二，載《中國珍稀法律典籍集成》乙編第四冊，九七八頁。

五六　以上均參看復旦大學文史研究院張佳博士的學位論文《洪武更化：明初禮俗改革研究》（復旦大學，二〇一一年）。

五、再說「中國」作為（多）民族國家的特殊性

現在中國很多人提倡「國學」，有人說「國學」就是五經儒家之學，有人說「國學」就是胡適當年提倡的「國故之學」，還有人更說，由於現在中國已經包括了各種民族、繼承大清、民國形成龐大的疆域，那麼應當有「大國學」。因此，這裏我還得再次說到「中國」。因為我們不得不考慮，「中國」作為一個特別的（多）民族國家，是否也可以同時是一個完整的歷史世界或者文化世界？

我的看法是，我很反對狹隘的民族主義或國家主義，也希望在歷史研究中超越固執的「國家邊界」，但仍不得不指出，「國家」（或者「王朝」）對於「文化」的形塑力量還是很強的。這是東北亞諸國的一個特色，在中、日、韓等國，政治的力量要比歐洲強很多，國家的疆域也比歐洲穩定得多。歐洲民族國家都是到近代才逐漸形成，而中國的中心區域從秦朝開始就很清楚（儘管邊緣在不斷變化），日本、朝鮮、越南、琉球的種族與文化的空間也是如此，正如我在前面所說，既沒有一個超越國家疆域、又凌駕皇權之上的宗教，也缺乏便利的自由流動和交流條件，更沒有一個超越國家的東亞知識人共同體。在東亞，大與小、內與外、我與他的界限很清楚，國家（王朝）的作用非常大，大到有區隔文化和製造認同的功能。它不像歐洲那樣，各種人員來來往往，各國王室彼此通婚，知識也互相流動，不僅共享一個古希臘羅馬文化傳統，而且那裏的宗教力量很大，教皇權力在世俗王權之上，人們可以

共享一個信仰世界。因此，我雖然很贊成把中國、朝鮮、日本、越南等環東海、南海的區域看成是一個「彼此環繞與交錯的歷史」[五七]，把這個區域聯繫起來研究，但是，也有些擔心學界為了「從民族國家拯救歷史」，而忽略了國家、王朝與皇帝的「區隔」歷史和「塑造」文化的作用。同樣，也不能為了套用新理論，而忽略了中國作為一個來源悠久的民族國家（或多民族帝國），不僅是一個穩定的歷史空間，而且是一個穩定的文化世界。

正如我前面說的，作為一個文化世界，「中國」也不是一成不變，而是一個逐漸從中心（黃河與長江中下游）向四方瀰漫開來的空間，「中國文化」也不是一個單一的文化，而是一個以漢族文化為核心逐漸融匯各種文化形成的共同體。不過，問題要從兩方面看，一方面，由於秦漢、宋代、明代文化世界的三次凝固，它逐漸形成漢族中國文化的主軸和邊界，特別是在宋、明兩代，那種有關「中國」（漢族中國）的意識，以及有關「外國」（周邊蠻夷與異域）的認識逐漸形成，「華」與「夷」之間開始有清晰的界分。在宋、明兩朝朝廷與士大夫的合力推動下，變得相當穩定與牢固，使得中國核心區域（即傳統說的中國十八省）始終固守着這種文化，並且逐漸擴散開來，輻射到周邊，形成一個特點相當明顯的「文化世界」。從這一點上看，漢族中國文化是這個文化世界最重要的核心，無論是匈奴、鮮卑、突厥、蒙古、滿族，還是日本、朝鮮、安南，都曾經被這個漢族文化影響，就是中國的歷代王

五七　葛兆光《彼此環繞和糾纏的歷史——評夫馬進〈中國東亞近世交涉史〉》，載《讀書》二〇〇八年一期。

朝，無論是遼、金、元或者清，都曾經以漢族文化為既合法又合理的新文明來標榜和建設。但是，另一方面，我要強調的是，我們不必堅持所謂「漢化」或者「華化」的說法。過去，陳垣先生寫過《元西域人華化考》，說蒙古佔領中國之後，很多來自西面和北面的異族人卻被漢人華化了，美國華人學者何炳棣也曾經堅持由於滿清「漢化」才能夠統治中國的說法。對這種說法，你要仔細體會其背景和心情。陳垣先生骨子裏是個漢族中國的民族主義者，無論是他的《通鑑胡注表微》還是《南宋初河北新道教考》，都是在抗戰時期民族危亡之際撰寫的，都有民族自尊的含義。而何炳棣先生是身處異國，總強調本民族文化力量的美籍華人，他與羅友枝（Evelyn S. Rawski）的論戰中，顯然也帶有漢族中國人的感情色彩[五八]。

在今天，這一點尤其需要強調，為什麼？因為文化的滲透、交融和影響常常是交錯的。從歷史上看，雖然你可以說元西域人華化的傾向很嚴重，滿清漢化色彩也很濃，但我們也可以看到，蒙古統治下中國漢族傳統變化也很大，而滿清帝國也給漢族中國帶來了極大的變化。以時髦的「現代性」來說，我總覺得，中國城市商業、娛樂與市民生活方式發展最快

五八　羅友枝（Evelyn S. Rawski）：*Presidential Address: Reenvisioning the Qing: The Significance of the Qing Period in Chinese History*, *The Journal of Asian Studies*, 55, No. 4 (Nov. 1996), pp. 829–850. 何炳棣（Ping-ti Ho）：*In Defense of Sinicization: A Rebuttal of Evelyn Rawski's Reenvisioning the Qing*, *Journal of Asian Studies*, 57, No. 1(1998), pp. 123–155. 中文本，《捍衛漢化：駁伊芙琳．羅斯基之「再觀清代」》，張勉勵譯，載《清史研究》（北京）二〇〇〇年第三期，一〇一－一一〇頁。

的，可能恰恰是在兩個所謂異族統治的時代，即蒙元與滿清兩個王朝。什麼原因呢？因為漢族的儒家文化是以鄉村秩序為基礎的，城市的生活樣式、日常秩序和價值取向，在漢族的儒家世界是被批判和抵制的。可是，恰恰在蒙元時代城市發展很快，也許就是因為儒家倫理暫時不那麼有控制力的緣故。蒙古人並不完全用儒家思想來治理生活世界，舉一個例子，元代戲曲發達，跟城市發展有很大關係，也和士大夫價值觀念出現變化有關，士大夫做不成大官，去當市民，他們在城市裏生活，暫時從「治國平天下」的價值觀中脱離出來，有人就進入了「遊民」、「市民」、「清客」、「浪子」行列，可就是他們促成了戲曲的創作、演出與欣賞的興趣。同樣，滿清王朝在某種意義上也暫時淡化了儒家倫理在生活世界的控制力（儘管表面清朝皇帝還是倡導儒家學說的）。前面提到，何炳棣曾經特別強調清代的漢化，與美籍日裔學者羅友枝激烈辯論，現在看來，兩人各有道理，太強調一方都不對。我曾經看了很多朝鮮使團到北京朝貢賀歲的記錄資料，很多記載證明，正因為是滿人當國，所以雖然上層社會和漢族士大夫仍然秉持傳統價值觀念，但是，現在我們所說的「資本主義」和「現代性」，卻在清代城市裏大發展，比如，商業之風大盛，連大學士都可以到隆福寺做生意，漢族風俗漸漸衰落，朝鮮使者看到，北方中國居然男女混雜、主僕無間、生活奢靡、娛樂繁盛、喪禮用樂、供奉關公和佛陀而冷落孔子等等，這讓朝鮮人覺得滿清入關以後，導致了漢族文化傳統的衰落。

所以說，一方面漢族同化了異族，可反過來你也可以看到另一面，異族統治淡化了漢族儒家倫理的控制，那到底是漢族胡化了呢？還是胡族漢化了呢？現在的中國文化，僅僅是傳統的、來自孔子時代的漢族文化，還是融入了種種「胡人」因素的新文化呢？

六、晚清以來，西潮衝擊下中國文化在斷續之間

傳統在不斷延續，影響着今天的生活。經典也在不斷被重新解釋，至今還是我們精神的來源之一。中國跟歐洲很不一樣，歐洲歷史上，由於中世紀神學籠罩，文化曾經有過斷裂，所以，才會有所謂通過重新整理和發掘古典，來進行「文藝復興」的過程。歐洲近代，原本建立在古希臘羅馬傳統、基督教信仰基礎上的文化，隨着各個民族國家的建立，曾經各自分化、凝聚、成型。然而，在近世，中國卻是國家從核心向四周瀰散，文化從一系向多脈發展。其中，中國古代漢族中國的傳統和經典幾千年來在不斷地延續，它沒有被打斷，因為：第一，聖賢和經典的權威很早確立，並且一直和政治彼此融洽，這保證了文化和觀念的傳續；第二，借助王朝的權力，借助各種考試制度，主流讀書人始終要通過這些知識的考試來進入上層，並且依靠它確立身份和位置，所以，讀書人在維護它的存在。第三，我們的官學和私學，像私塾、鄉校這些教育始終很強大，加上政治制度始終在支持它。因此，正如幾年之前我所說的那樣——至少在晚清民初，我們仍然在傳統、歷史和文化的延長線上。

不過，除了歷史上各種異族文化不斷摻入之外，十五世紀之後西潮東漸，十九世紀之後更因為列強的堅船利炮，漸漸改變了傳統中國的政治與文化走向。尤其是一八九五年以後，中國開始整體加速度地向西轉，「追求富強」的焦慮和緊張，形成一種不斷地激進的潮流，經由辛亥革命、五四運動以及抗日戰爭、中華人民共和國成立，以及文化革命，逐漸改變了幾千年來的文化傳統，正如西方諺語所說，「過去即一個外國」（the past is a foreign country），似乎傳統文化離我們很遠了。現在，一般人都會同意當年張之洞的說法，自從十九世紀近代西洋文明進入中國，使中國經歷了一次「兩千年未有之大變局」，中國似乎與傳統有了「斷裂」。

下面，仍然就前面我說的五個方面，各舉一些例子：

（一）雖然中國仍然使用漢字，但是，現代漢語中的文字、詞匯和語法有很大的變化，今天的漢語不僅由於蒙元、滿清時代口語有很大影響，更重要的是五四新文化運動提倡白話文，使得傳統口頭語言成為書面語言，而且羼入了太多的現代的或西方的新詞匯，無論在報紙、信件還是說話中，既有好多「經濟」、「自由」、「民主」這些看似相識卻意義不同的舊詞，也有「意識形態」、「電腦網絡」、「某某主義」、「下崗」這些過去從未有過的新詞，如果語言還是理解和傳遞意義的方式，那麼通過現代漢語理解和表達出來的世界，已經與傳統大不一樣了[五九]。

（二）雖然在現代中國尤其是鄉村仍然保持着一些傳統家庭、家族組織，中國人至今還是相當看重家庭、看重親情、服從長上，但是，家庭、社會和國家的結構關係變化了。今天的中國擁有了太多的現代城市，現代交通、現代通信、現代生活，已經瓦解了傳統文化的社會基礎。過去的生活空間是四合院、園林、農舍，人際是家庭、家族、聯姻的家族，這些血緣所形成的親族關係和家庭家族中的親情，是相當重要的和可以依賴的，所謂「血濃於水」這個詞就可以形容這種關係，「男女有別，上下有序」基礎上建立的倫理秩序，使得家庭、家族和放大的家國能夠和諧相處，費孝通在《鄉土中國》裏就説，中國和西洋的基本社會單位不同，我們的格局不是一捆一捆扎清楚的柴，各自立在那裏，而是好像把一塊石頭丟在水面上所發生的一圈圈推出去的波紋。但是，現代的城市、交通與媒介卻改變了一切，現代的法律又規定了男女平等、一夫一妻和自由結婚離婚，過去那種密切的、彼此依賴的鄰里、鄉黨、家族關係，已經在民主化思潮和城市化過程中逐漸消失了，因此，建立在傳統社會上的儒家倫理與國家學説，也逐漸失去了基礎。

五九　文言（雅言）與口語（俗語）之間的界限逐漸淡化，其實不僅僅是一個語言現象，也是一個傳統社會中的上流社會逐漸解體，邊緣或底層階層逐漸進入主流的象徵，文化（包括價值觀念）在語言變化中，也在漸漸變化，過去上層的、高雅的、有修養的語言，漸漸喪失其在文化中的制高點，而俚語俗言在書本、舞台和交際中的大量侵入，實際上構成現代文化史的一大變遷。

（三）自從晚清以來，儒家在西洋民主思想的衝擊下，漸漸不再能夠承擔政治意識形態的重任，佛教與道教也在西洋科學思想的衝擊下，受到「破除迷信」的牽累，漸漸退出真正的信仰世界，很多宗教實踐也不再具有實質性的意義。雖然現在儒道佛三教，也包括其他合法宗教如伊斯蘭、基督教等仍然可以在政治權力的控制之下和諧共處，但是這種「合一」並不是唐代以來那種觀念、知識和信仰上的彼此容納，而是在政治高度控制下的分離。

（四）天人感應與陰陽五行為基礎的觀念、知識、技術，在近代西方科學的衝擊下，漸漸淡化，並且分化為各個不同的領域，逐漸退出對於政治世界和自然世界的一般性解釋，只是在一些科學尚不能到達的地方，如醫療（中醫）、地理（風水）、飲食等等領域仍然保留着。現代中國人已經不再堅持過去的陰陽五行觀念，甚至也不再按照傳統的時間觀念，相信四季、二十四節氣的意義，中國不再用王朝與皇帝的紀年，而改用西洋的公曆了，按照傳統的觀念，「天不變，道亦不變」，曆法改了，這就是「改正朔」一樣的天翻地覆。

（五）從「威斯特法利亞和約」（The Peace Treaty of Westphalia）以來，近代歐洲奠定的國際秩序與條約關係，隨着西洋進入東方，不僅摧毀了原來中國的天下觀念和朝貢體制，也重新界定了中國與世界各國的關係[六〇]，儘管現在中國仍然殘存着「天下中央王朝」的想

六〇　徐中約《中國加入國際社會》其第一頁就指出，本來所謂「國際社會」只是西歐一批基督教國家，但其後不斷膨脹，其秩序也就成為同行的國際秩序，但當它發展到遠東時，就面臨了中國領導下的另一個「國際社

像，正如許倬雲（一九三〇—）所説，「正因為中國中心論，幾千年來，中國不能適應與列國平等相處，直到近代，中國人似乎還難以擺脱這層心障」[六一]，但是，畢竟世界變化了，在這個全球化時代，古代傳統中國文化中的天圓地方宇宙觀下的世界認識和朝貢體制下的國際秩序，已經不再有效了。

結語：在歷史中重新認識中國文化的複數性

毫無疑問，現在中國出現的傳統文化熱或者國學潮流，其背景與心情是可以理解的。我認為，其中有三個背景與心情十分重要，一是「回到起點」，即超越近代以來籠罩着我們觀念、制度和信仰的西方文化，回到傳統文化資源中，尋找能夠重建現代中國價值的基礎；二是「尋求認同」，就是在信仰缺席的時代，重新建立「中國」國民對於歷史、文化與價值，特別是國家的凝聚力；三是「學術新路」，即在百年來影響中國的西方學術制度中掙脱出來，無論是在知識分類，還是在表達術語，還是在研究制度上，找到一個新的路向。看上去，這些背景與心情似乎沒有問題，但問題是，傳統不是固定的，中國也不是單數的，我要

會」（another family of nations），在這兩個互相排斥的秩序（these two mutually exclusive systems）之間，便發生衝突，其結果是中國秩序被相繼侵入的西歐秩序所吞食。於是，「儒教的世界帝國」（Confucian universal empire）就變成了「近代民族國家」。

六一 許倬雲《我者與他者：中國歷史上的內外分際》（北京：三聯書店，二〇一〇），二一頁。

指出的是——

首先，文化在歷史中形成，而歷史一直在對文化做「加法」與「減法」。所謂「加法」，就是對於不斷進入的外來文化，借助傳統資源進行創造性的解釋（正如中古時期中國知識人對印度佛教知識的「格義」，使外來觀念變成中國思想），所謂「減法」，就是對於本土固有文化中的一些內容，進行消耗性的遺忘或者改造（如古代中國對一些不吻合倫理秩序的風俗進行改造，或現代中國以科學對迷信的批判）。因此，並沒有一個固定的、一成不變的文化傳統。

其次，我要提醒的是，古代中國的歷史說明中國文化是複數性的，古代中國文化中曾有多種族群與多種文化因素，雖然秦漢帝國逐漸形成漢文化主軸，但經過中古時代異族與異文化的疊加，已融入相當複雜和豐富的內容；到了宋代，由於國際環境與外在壓力，經由國家與士紳的努力，漢族中國文化凝聚成形，開始凸顯中國文化世界的「內」與「外」、「我」與「他」的界限。但是蒙元統治時期，中國再次融入異族，文化又疊加並形成混融的新文化。經由明代初期的「去蒙古化」，漢族中國文化雖然再度凝固，可是大清帝國建立之後，疆域和族群再度擴大，文化再次疊加混融。既然古代是一個「眾流匯聚」的文化共同體，而現在中國又已經是一個（多）民族國家，因此我們一定要承認中國文化的複數性。

再次，在晚清民初，中國文化經歷了「二千年未有之大變局」，界定中國的文化傳統處在斷續之間。現在當然需要重新認識與發掘傳統，但是我們要了解，既然傳統是一直在不斷變化的，今天如何用現代價值重新「組裝」傳統文化，是值得思考的大問題。正如前人所說，「傳統是死人的活資源，傳統主義是活人的死枷鎖」，以「原教旨」的方式刻舟求劍，固守想像中的文化傳統是固步自封的做法。

我深切地感受到，現在膨脹的中國那種非常強烈地要求「弘揚」中國傳統、中國色彩、中國價值的焦慮，其實來自晚清民初之後，越來越緊張的心情，「追求富強」的強烈願望，「天朝大國」的歷史記憶，確實是中國百年來不斷把「時裝撿起來穿上，脱下一件再換一件」的原因。毛澤東當年曾説，「一萬年太久，只爭朝夕」，這很形象，因為痛感「落後是要挨打的」，貧弱是要被開除「（地）球籍」，所以隨着當下中國漸漸「崛起」，便急切地要向世界證明，我泱泱大國不僅應該進入「世界民族之林」，而且是應該在「文化上」佔據籠罩性位置。因此，我所擔心的，正是中國的「傳統熱」和「國學熱」。我想，千萬不能因為這種緊張的心情，讓「傳統熱」和「國學熱」變成民族主義或者國家主義的學術形式和動員力量。

第五章　周邊：十六、十七世紀以來中國、朝鮮與日本的彼此認識

引言：中國人有關世界認識與自我認識的三階段

在這一章討論中國與周邊諸國的互相認識之前，首先需要說明的是，從古到今漫長的歷史裏，中國人對於「世界認識和自我認識」，大致經歷了三個不同階段[一]。

第一個階段很長，基本相當於整個傳統中國，即自春秋戰國以來，一直到明清，這是「以自我為中心的想像時代」。由於漢文明傳統在東亞地區的強大，在沒有其他強勢文化對比和競爭的情況下，中國好像處在一個沒有鏡子的時代。這一方面形成了以自我為中心，以四裔為邊緣的天下觀念，一方面形成以自身為中心，自封天朝大國的朝貢體制。在很長時間裏，儘管關於實際世界的知識早已經超越了漢族中國的範圍，與周邊各國的外交方式，也不

一　關於這一點的詳細論述，請看葛兆光《預流、立場與方法——追尋文史研究的新視野》，《復旦學報》（上海：復旦大學）二〇〇七年第二期。收入葛兆光《宅茲中國》「結論」，二七三－三〇四頁。

僅僅是宗主國對納貢國那樣的簡單關係[二]，但是，在觀念世界中，中國人仍然習慣地想像一個處在天下之中的、很大很大的「中國」。

第二個階段是「只有一面鏡子的時代」。我把晚明西洋人來到日本、中國、朝鮮等東海、南海諸國，看成是至今延續的「全球化」進程的開端。應該說，自從晚明，特別是晚清之後，在西方的衝擊和比較下，中國人開始了對世界和中國的重新認識，這當然是一個巨大的進步。然而，這種重新認識是以一個高度同一的「西方」為「他者」即參照系的，從明清兩代的「西學中源」說，晚清「中體西用」和「西體中用」的爭論，經過五四運動、科玄論戰，一直到八十年代「文化熱」，其實，都是在這一面鏡子下的自我認識[三]。

第三個階段應當從現在開始，我把它稱為「在多面鏡中重新認識自我的時代」。儘管「西方」這一面鏡子極其重要，但大家都知道，僅有一面鏡子是不夠的，我們會問，這面鏡子是正確的鏡子嗎？它是認識自己的唯一鏡子嗎？我們是否還需要一面或多面，即西方之外

二 [日]吉本道雅《中國古代華夷思想の成立》討論了從西周到戰國時期的「華夷」觀念，指出戰國中期以前，有「同化」、「遺棄」和「羈縻」等三種方式，而[日]辻正博的《魏氏高昌國と中國王朝》，則以魏氏高昌國為例，討論了在中古時期的中國對於周邊異族國家的朝貢、羈縻、冊封、征服等種種不同策略，並以高昌國的命運與高句麗、百濟、新羅等國進行了比較，指出中國王朝一側的對外立場，常常隨着國際環境的變化而變化。以上兩篇均收入[日]夫馬進編：《中國東アジア外交交流史の研究》（京都：京都大學學術出版會，二〇〇七年三月）。

三 關於這兩個階段中國人的「天下觀」和「世界觀」，請看第一章的討論。

的鏡子呢？過去，中國人很少有意識地從自己周邊的朝鮮、日本、越南、印度、蒙古等等的視角，來觀察和對比自己。其實，「中國」與「西方」的對比，只能在大尺度上粗略地看到自我的特徵，而和那些看似差異很小，甚至好像曾經共享傳統，如今卻各自文化獨立的不同文化和國家的比較，才能使中國真正認識什麼才是「世界」，什麼才是「中國」。

所以，對於中國、日本、韓國這個在地理上屬於東北亞的區域，我格外重視。但是，作為一個歷史學者，我要在這一章裏特別說明的是，這個東北亞，雖然在地理上彼此接近，傳統上有頗多互相交錯，歷史上有相當深的淵源，但是從十六世紀和十七世紀以來，互相卻有太多的偏見、敵意和互不信任，一直到今天，這種狀況似乎也仍然存在。

我要討論的，就是這一段雖然已經過去，但仍然影響現在的歷史。

一、十七世紀以來漸行漸遠的中日韓

三個國家之間的相互關係，是一個相當大的話題，在這裏不能細說。這一章裏，我只是想通過十七世紀以後（大概相當於中國的清朝、朝鮮的李朝後半、日本的江戶時代）的一些資料，從一個側面討論這個現在被稱為「東北亞」的區域內部，各國的彼此觀感與相互敵意。明清時期，日本、朝鮮和中國，從文化上「本是一家」到「互不相認」的過程，恰恰很深刻地反映着所謂「東北亞」，也就是原本建築在漢唐文化基礎上的認同的崩潰，這種漸漸的互不相認甚至彼此輕蔑，體現着「東北亞」看似同一文明內部的巨大分裂[四]。

從明到清，東亞文化認同的這一巨大變化，從各種朝鮮人、日本人和中國人的相互交流和相互觀察中可以很清楚地看出。近來，人們越來越關注韓國出版的各種《燕行錄》、各種朝鮮通信使有關日本的文獻，以及日本長崎的各種筆談和訊問記錄等等，這些資料透露着這個「東方」世界的瓦解和分裂。在這個大清帝國最興盛的時代，朝鮮到中國來的使者們卻看到了另一個已經不再是「中華」的帝國風景，而日本人則在與中國船員和商人的訊問及筆談中，也冷冷地打量着這個越發陌生的鄰居。而我們則從中看到了日本人與中國人之間，彼此都有一些微妙的、基於國族自尊的彼此輕蔑和警惕。於是，在那個時代的朝鮮和日本人的心目中，一個中國變成了兩個，一個是存在於他們記憶和想像中的、以漢唐中華為基礎的「歷史和文化的中國」，一個是在他們面前客觀存在、清帝國所代表的「現實和政治的中國」，在那個時代，他們雖然還對「歷史和文化的中國」懷有敬意，然而卻已經開始蔑視這個「現實和政治的中國」。

而朝鮮與日本之間，也在互相打量和較量，看看誰才是這個區域真正的文化正宗[五]。

四　詳細的討論，參見葛兆光《想像異域：讀李朝朝鮮燕行文獻札記》（北京：中華書局，二〇一四）。

五　關於這個問題，從朝鮮通信使留下的眾多漢文文獻、筆談、唱酬中可以很清楚地看到，這裏從略。

二、從「朝天」到「燕行」：明朝後李朝朝鮮中國觀的轉變

十七世紀中葉以後，當清代中國人對於「世界」還延續着兩千年來「以自我為中心」的想像的時候，朝鮮人對中國的感覺卻不同了，儘管明朝已經覆亡，可是很長時間裏面，朝鮮人仍然流露着對大明帝國的留戀，和對滿清帝國的不滿，他們把清帝國叫做「夷虜」，把清皇帝叫做「胡皇」。清代乾隆年間，朝鮮人金鍾厚給曾經出使清帝國的洪大容寫信，說「明朝後無中國耳。僕非責彼（指中國人）之不思明朝，而責其不思中國耳」，在他們心目中，中華（或者中國）原本是文明的意思，如果中華文明並不在清國，那麼，我「寧甘為東夷之賤，而不願為彼之貴也」[六]。這個時候的朝鮮人，早就不再視清帝國為「中華」了。

所以，他們對漢族中國人歸順大清帝國的統治，感到很不理解，乾隆年間，出使北京的朝鮮使者洪大容坦率地告訴中國漢族文人說，朝鮮對於派兵抗擊日本大軍，有「有再造之恩」的大明，有深切的記憶，而對於曾經攻打朝鮮，讓朝鮮簽訂城下之盟的滿清，有切齒的仇恨，他說，「萬曆年間倭賊大入東國，八道糜爛，神宗皇帝動天下之兵，費天下之財，七年然後定，到今二百年，生民之樂利皆神皇之賜也。且（明朝）末年流賊之變，未必不由

六 《湛軒書》內集卷三《直齋答書》，又可參看洪大容《又答直齋書》。見山內弘一《洪大容の華夷觀について》，載《朝鮮學報》（日本天理：天理時報社，一九九六）百五十九輯。或者參看葛兆光《從朝天到燕行——十七世紀中葉後東亞文化共同體的解體》，載《中華文史論叢》（上海古籍出版社）二〇〇六年一期，總八十一期，已收入《想像異域》一書。

此，故我國以為由我而亡，沒世哀慕至於今不已」[七]。朝鮮人從心底裏覺得，他們到清帝國來，已經不是來朝覲天子，而只是到燕都來出差，不是文化上的「朝聖」，而是政治上的「臣服」，因此，使者們所撰寫的旅行記名稱，也大多由「朝天」改成了「燕行」。一直到乾隆、嘉慶年間，雖然距離大明覆亡已經百餘年，但是，朝鮮關於「大明」的歷史記憶卻依然如此清晰。

我注意到，朝鮮人對於自己堅持穿着明朝衣冠，特別感到自豪，也對清國人改易服色，順從了蠻夷衣冠相當蔑視，他們穿着明朝衣冠，在文化上對滿清人就有一種居高臨下的感覺。在他們筆下，清帝國風俗已經變了，已經不再是「華夏」了，因為儒家禮儀，在中國反不如朝鮮純粹，而正統儒家禮儀的破壞，以及朱子學的崩壞，更讓他們存了一種不認同清國的心理，在看透了清帝國的這些民風與學風之後，從一開始就視滿清為蠻夷的朝鮮使者，就更存了對清國的輕蔑之心。

在十七世紀以後的兩三百年間，朝鮮人發現，統治中國的滿族皇帝對於漢族文化傳統，有着疑慮和畏懼，因此，一方面採取提倡朱子學說以堵住漢族士人嘴的方法，另一方面採取箝制的高壓手段，以文字獄來威嚇讀書人。於是，他們把這種文化史的變遷歸咎於國家統治

七 [韓] 洪大容《湛軒燕記》卷五《乾淨筆譚》上，載《燕行錄選集》（首爾：成均館大學校，一九六一）上冊，三八八頁。

者的種族變化，他們相信這是因為帝國的主人不再是漢人而是胡人，所以，中國的文化血脈已經不再是純粹的中華文化，而是已經徹底沒落，反過來，正如朝鮮人相當自信的——

「今天下中華制度，獨存於我國」[八]。

三、誰是中華？江戶時代的日本看法

十七世紀以後，儘管鎖國日本與中國在政治和文化交往漸稀，但法定開埠的長崎卻商船往來頻繁，《華夷變態》、《唐通事會所日錄》、《通航一覽》等文獻中有很多對於到長崎的中國人的訊問記錄，而負責訊問的日本官員，其實不只是在關心東來船隻中有無夾帶「天主教邪書」，更多的問題集中在中國政治和軍事的情報上，正如書中引林學士所說的，「韃虜掠華殆四十年，正史未見，則不詳真偽」，所以他們問的是中國現在是否太平，朝廷除宰相外有無人才、防日本何處為要，古今共傳的要地在何處等等，從這裏可以看到日本人的心思[九]。同時，朝鮮通信使團也多次訪問日本，日本人也急切地通過與中國有朝貢關係的朝鮮，打聽中國情報。舉一個例子，順治十二年（一六五五）明清易代不久，日本對中國形勢

八　吳晗輯《朝鮮李朝實錄中的中國史料》（北京：中華書局，一九六二）下編卷八，《英宗實錄》元年四月壬辰，四三九七頁。

九　［日］林春勝等編《華夷變態》，東洋文庫叢刊第十五上，東京：東方書店，一九八一。二一一頁，四一四五頁。

變化總覺得有些撲朔迷離，所以，當十月份朝鮮通信使團到達日本江戶，林靖（林羅山之子）就迫不及待地有一連串的詢問。據趙珩（字君獻，號翠屏，正使）的記載，林靖所問的問題包括「大明近歲之兵革如何？十五省迷入清國之手乎？年號順治至今猶存乎？皇明之宗脈不絕如線乎？鄭芝龍、吳三桂存歿如何？陝西之李自成、西川之張獻忠皆免摧滅乎？」儘管對日本抱有戒心的朝鮮使者「答以疆域絕遠，未能詳知云。則不為更問」，但往來的朝鮮通信使團（以及設在釜山的倭館）總是會成為日本了解中國國情的橋樑[一〇]。另外，一些到長崎貿易的中國船隻，由於風浪的緣故，漂流到其它地方，在這些地方停泊時，也與派來交涉的日本文人常常有筆墨往來，留下了一些珍貴的文字資料，在這些資料中，我們看到當時中國人與日本人之間一種複雜微妙的關係。

異域人乍一到來，常常會引起此地人的好奇觀看，第一印象常常相當重要。和朝鮮人一樣，日本人對於清人服飾覺得十分詫異，因為這與歷史記載中的華夏衣冠有很大差異，他們仔細地詢問，並且費力地記錄，還用畫筆把他們的形象畫下來，不僅是獵奇，也借了這種外觀的描述，表達對現實清國的文化蔑視，據信夫清三郎說，因為清朝的出現，喚起了日本人

一〇 趙珩《扶桑日記》，仲尾宏等編《通信使大係》（東京：明石書店，一九九四—一九九六）第三冊影印本，六〇頁。

對當年元寇的回憶，所以，打心眼兒裏對滿清就有敵意[一一]，因此在記載了服色之後，他不忘記添上一句，「大清太祖皇帝自韃靼統一華夏，帝中國而制胡服，蓋是矣」[一二]。既然清人衣冠已經喪失了傳統，既然自己古代衣冠源自上古正宗，那麼，當然也說明古之中華文化在日本而不在中國。不僅是服色，在日本人看來，音樂、風俗、歷史，在中國也已經傳統失落，正如本田四明所說的，「貴邦之俗，剃頭髮，衣冠異古，此何得謂周公之禮？」[一三]。他們甚至因為文化傳統的失落，對滿清帝國的合法性也提出疑問[一四]。在當時的日本人心目中，漢唐中華已經消失，中國與四夷的位置已經顛倒。他們雖然承認中國是大國，日本是小國，但是，他們覺得「中國」應當是日本的稱呼，因為只有「水土卓爾於萬邦，而人物精秀於八紘」的文化中心才能叫「中國」[一五]，所以，當他們面對漢族中國人時，專門強調「有土之德，不國之大小，眾叛則地削，桀紂是也，民和則天下一，湯武是也。敝國邃古神功皇

一一 [日]信夫清三郎《日本近代政治史》（周啟乾譯，桂冠圖書公司，台北，一九九〇），第一卷《西歐的衝擊與開國》，四九頁。

一二 [日]大庭修編《安永九年安房千倉漂著南京船元順號資料》（《江戶時代漂著唐船資料集》五，關西大學東西學術研究所資料集刊十三-五，一九九〇），二九-三〇頁。

一三 [日]松浦章編《寬政元年土佐漂著安利船資料》（《江戶時代漂著唐船資料集》三，關西大學東西學術研究所資料集刊十三-三，一九八九），三五一-三五二頁。

一四 《得泰船筆語》，[日]田中謙二、松浦章編《文政九年遠州漂著得泰船資料》（《江戶時代漂著唐船資料集》二，關西大學東西學術研究所資料集刊十三-二，一九八六），一〇八頁。

一五 [日]山鹿素行《中朝事實》，《山鹿素行全集》（東京，岩波書店，一九四二）十三卷上，二二六頁。

后征三韓，光燭海外，至今千萬歲，一姓連綿，生民仰之，可不謂至治哉？此聊敝國之榮也」[一六]。反過來，他們說，中國卻已經榮光失盡，正如述齋林學士所說的，因為滿族人的入主中原，所以「今也，先王禮文冠裳之風悉就掃盪，辮髮腥膻之俗已極淪溺。則彼土之風俗尚實之不可問也」。[一七]

這時的日本對中國，有的是警惕和敵意。

四、大清帝國：還停留在漢唐的「天下」想像中

其實，從明代萬曆年間，也就是利瑪竇來到中國的時候起，中國人就開始對世界有了新的知識，看到利瑪竇世界地圖後，李之藻承認這種關於新的世界的知識對於他的震撼，承認「地如此其大也，而在天中一粟耳，吾州吾鄉，又一粟中之毫末」[一八]。而稍後的瞿式谷在《職方外紀小言》也說，「嘗試按圖而論，中國居亞細亞十之一，亞細亞又居天下五之一，則自赤縣神州而外，如赤縣神洲者且十其九」。他承認，中國自以為大國，有點兒像井底之

一六 [日]松浦章編《寬政元年土佐漂著安利船資料》（《江戶時代漂著唐船資料集》三，關西大學東西學術研究所資料集刊十三-三，一九八九）。三五七頁。

一七 [日]仲村盡忠著《唐船漂著雜記》中引述《清俗記聞》語，[日]藪田貫編《寬政十二年遠州漂著唐船萬勝號資料》（《江戶時代漂著唐船資料集》六，關西大學東西學術研究所資料集刊十三-六，一九九七），二二三頁。

一八 艾儒略著，謝方校釋：《職方外紀校釋》（北京，中華書局，一九九六）卷首，七頁。

蛙。這時，傳統中國關於天下的圖像也開始瓦解和崩潰，人們逐漸接受了新的世界。因此，那些來自《山海經》、《十洲記》之類關於異域的奇怪想像和傳聞，逐漸被西洋人傳來的真實知識所代替。到了清代，就連官方的大著作，即乾隆年間奉敕修撰的《四庫全書總目》，這部權威的官方叢書目錄在對《山海經》、《十洲記》和《神異經》究竟應當算地理還是小説的歸類上，表明了關於天下地理觀念的變化。説明人們開始接受「考索」、「責實」的結果，也就是説，從利瑪竇時代到乾隆時代，經歷了一百多年的時間，古代中國對於異域（同樣也是對於自我）的知識，已經從「想像的天下」進入「實際的萬國」。

回到東亞問題上來。中國對於東面鄰邦的崛起和對峙，其實也有過戒懼和警惕，經歷了明代中葉的倭亂和明代後期的朝鮮壬辰之變以後，一個名叫周孔教的官員就説，豐臣秀吉入侵朝鮮，與明帝國分庭抗禮，已經説明「我朝二百餘年以來無敵國，有敵國自今日始」，他看到了日本的威脅，要求明帝國早作預備，「萬一事出意外，禍從中起，可為寒心」[一九]。但是，大多數中國人還是沒有這種危機意識，清代統治者更是如此。這個時候的中國，卻仍然停留在自己作為天下中心，作為朝貢宗主國的想像裏面，看乾隆時期的《萬國來朝

一九　周孔教《妖書惑眾懇乞蚤遏亂萌因根本疏》，載《周中丞疏稿·西台疏稿》（《四庫存目叢書》影印明刻本，史部六十四冊）卷一，一二六頁。

圖》二〇，就可以知道當時的中國知識界以及朝廷，還覺得自己彷彿過去的漢唐，可以等待各國恭恭敬敬地來朝拜，因此，這才有了像乾隆皇帝傲慢地對待英國使者馬嘎爾尼的舉措，和清代朝廷盲目樂觀和自大的態度。

可是，這只是一廂情願。很顯然，十七世紀中葉以後，西方開始進入東方，而東亞三國已經分道揚鑣，儘管清帝國的人們還在期待「萬國來朝」，對日本和朝鮮仍然懷着大國的傲慢，但是至少在文化上，日本也好，朝鮮也好，都不再認同這個清帝國，更不會承認它可以代表「中華文化」了。至於更往後的十九世紀末，隨着明治後日本的維新、琉球的劃歸日本、甲午戰爭之後台灣和朝鮮的被殖民化，東亞各個區域之間的文化裂縫，在民族之間的敵意中，就越來越明顯了。

五、分道揚鑣：十七世紀以後的東亞還有認同嗎？

在相互的對望中，可以看到彼此難以自我發現的死角，更可以看到彼此不同的眼光和立場，朝鮮的漢文史料表現了朝鮮人對明清兩代的看法，讓我們看到當時朝鮮人對中國的政治臣服、經濟朝貢與文化認同之間存在巨大分裂。同時，日本的史料也呈現了日本「要建立

二〇 佚名《萬國來朝圖》，載於聶崇正主編《清代宮廷繪畫》（故宮博物院藏文物珍品全集，香港：商務印書館，一九九六）。

其獨自的國際秩序」的意圖，文化上的自我中心主義與政治上的自國中心主義同時崛起，從山鹿素行到本居宣長，都在不斷地強調日本為「中央之國」的思想[二一]。因此，壬辰之役（一五九二）以後的日本、明亡（一六四四）以後的朝鮮，大體已經放棄了對中華帝國的文化認同姿態，東亞諸國對於中華帝國的這種看法轉變，究竟如何影響了當時的國際形勢和後來的歷史和思想呢？這是我們現在仍然要討論的問題。

近來，很多學者包括日本、韓國以及中國的學者都喜歡談「亞洲」或者「東亞」這個話題，有時候，把「亞洲」或者「東亞」當作一個和「歐洲」或者「西方」對應的文化區域，似乎也成了一個不言而喻的事情。可是，如果說這個「東亞」世界真的存在，恐怕只是十七世紀以前的事情。但是，正如我前面說的，這一切從十七世紀以後開始變化，實際上的東亞諸國，已經沒有了彼此的信任、親切和認同，那個在漢唐宋時代還可能是文化共同體的「東亞」，已經漸漸解體，而現在我們期盼的新文化共同體「東亞」，恐怕還遠遠沒有建立。

因此我以為，要推進「中國」與「周邊」的彼此信任和互相合作，首先就需要檢討這一段歷史，並且重新尋找文化上的認同基礎。

二一　參看前引［日］信夫清三郎《日本近代政治史》第一卷第一章《鎖國》，四九頁以下。

第六章 現實：中西文化差異會導致衝突嗎？

引言：從亨廷頓的論斷說起

不同文化之間會不會發生衝突？這一問題是美國學者亨廷頓（Samuel P. Huntington）一九九〇年代在「文明的衝突」論述中提出來的[一]，按照他的觀察，進入一九九〇年代，冷戰時代的意識形態衝突漸漸淡化，逐漸凸顯出來的，是各個文明的衝突。他預言，儒家文明和伊斯蘭文明將聯手對抗西方文明。

真的是這樣嗎？無論他說得是對還是錯，這一說法都引起了全球關於文明、衝突、歷史、未來的大討論。現在，我們在這裏討論「世界和平與中國文化」這個話題，顯然也是在回應亨廷頓的這一說法。我願意相信，要討論「世界和平與中國文化」這個命題的人，一定懷抱良好願望，就是期待各種文明不僅不會衝突，而且中國文化特別可以導致世界和平，就

一 〔美〕亨廷頓《文明衝突與世界秩序的重建》（黃裕美中譯本，台北：聯經，一九九七）。需要說明的是，亨廷頓對於「文化」與「文明」並不作特別嚴格的區分。

像古人說的，能「為萬世開太平」。

不過，作為一個歷史學者，我總覺得，從歷史上看，這裏有很多難題。比如，什麼是中國的文化？中國文化中的什麼因素能引起文明衝突或者導致世界和平？強調中國文化的意義會不會導致另一種趨向，即布熱津斯基所謂的「崛起之後的自我錯覺」[二]，並且引起新的不和平？

因此，這裏就首先需要再次認真討論「什麼是中國的文化」？

一、天下：中國關於「世界」的傳統觀念

在第四章中我已經說到，要講清「什麼是中國文化」，「中國」兩字是相當重要的，因為「文化」是每個民族都有的，你只有講清楚這個文化是中國有（或比較明顯），而其他國家沒有（或者較不明顯），或者說華人世界有（或比較明顯），其他民族沒有的（或者較不明顯），這才是「典型的」中國文化。你不能把那些「非典型的」東西統統概述一遍，就算是中國文化了。

那麼，什麼才算是典型的「中國的」文化？請允許我再重複一遍第四章所說的，如果以漢族中國文化為主來說，那麼，特別能呈現漢族中國文化的，可以簡單地歸納為五方面：第

二　[美] 布熱津斯基《戰略思維》的說法，參看第四章的注釋。

一是漢字的閱讀書寫和用漢字思維。第二個是古代中國的家庭、家族、家國結構，以及在這個基礎上發展出來的儒家有關國家、社會和個人的政治和倫理設計。第三個是所謂「三教合一」的信仰世界。在中國，各種宗教都沒有超越性的絕對和唯一，彼此在政治權力的支配下可以彼此兼容。第四個是理解和詮釋宇宙的「天人合一」思想、陰陽五行學說，以及從這套學說基礎上發展出來的知識、觀念和技術。第五個是在「天圓地方」的宇宙論影響下，形成的古代中國非常特殊的天下觀，以及在這種「天下想像」下，形成的以「朝貢體制」為基礎的國際秩序。如果你拿這幾個方面跟基督教文明比，跟伊斯蘭世界比，甚至跟東亞、南亞既相信佛教也用儒家律令的區域比，你會發現，這才是「（漢族）中國」的「文化」[三]。

其中，在討論現代世界和平前景和可能的時候，如果要追溯歷史和文化傳統因素，那麼，古代中國的「天下」觀念和「朝貢」體制，以及由這種觀念和體制延續下來的現代中國對於世界新秩序的期待和想像，最值得我們關注和討論[四]。近年來，一些中國學者覺得，在經歷了幾百年西方主導的世界秩序之後，隨着中國的「崛起」，源自傳統中國的「天下秩序」或者是「天下主義」應該是取代近代以來世界秩序的新鮮資源。而一些西方現代學者，包括前美國國務卿基辛格的《論中國》和英國人馬丁·雅克的《當中國統治世界》，也都迎

三　詳細一些的討論，請參看第四章。

四　參看第一章的討論。

合這種說法，反復提到中國曾經有中國自己的世界秩序，中國將會用傳統的朝貢體系來想像和構建東亞甚至世界秩序[五]；二〇一二年十一月，我在韓國訪問時，《朝鮮日報》的記者也曾經在專訪中，反復追問我中國崛起是否一定會恢復「朝貢體制」[六]？

因此，在這裏我要討論的是，這一在理解世界方面與西方迥異的文化傳統，能否帶來世界和平？是否隱含了導致衝突的可能？什麼才是消解文化間衝突的因素？

二、傳統中國的「大一統」理想與「文化主義」策略

不必因為我們是中國人，就對中國文化特別讚美，覺得它處處都好，甚至認為它就是人類未來文化的基礎。我總覺得，「文明」有高下之分，而「文化」卻並沒有好壞問題[七]。作為一個歷史學者，我希望在歷史中分析中國文化。

古代中國基於「天圓地方」宇宙觀，形成了「天下」觀念和「朝貢」體制，所謂「天

五　參看[美] 基辛格《論中國》（*On China*），胡利平等中譯本，中信出版社，二〇一二。特別是第二章，四九頁；[英] 馬丁．雅克《當中國統治世界》（*When China Rule the World*），張莉等中譯本，中信出版社，二〇一〇。馬丁．雅克認為，「中國越來越有可能按照朝貢體系而不是民族國家體系構想與東亞的關係」，參看《結論》部分，三三三頁。

六　參看《朝鮮日報》（韓文）二〇一二年十一月二十八日的專訪，A23版。

七　關於「文明」與「文化」的區分，請參看[德] 埃里亞斯《文明的進程》（北京：三聯書店，王佩莉、袁志英等中譯本，一九九八－一九九九）中的說法。

下」，其實是一種以自我為中心的文化想像，只是這個文化想像，一方面有自我中心的意思，因而滋生出「華夷之分」，另一方面這種「華夷之分」，又不全是建立在「非我族類，其心必異」這樣的種族差異上，而是建立在「文野之別」即文化的蒙昧和開化上。正是因為兩方面因素都存在，所以，在這種「天下」觀念裏面，會引申出處理「內」與「外」關係的兩種不同想法，包括大一統理念與文化主義策略。

不必諱言，漢族中國與周邊民族、核心區域與邊緣地區，在互相衝突中逐漸形成了龐大的中央集權的帝國，在這一歷史過程中，「普天之下，莫非王土，率土之濱，莫非王臣」的想像，一直激勵着統一和完整的國家意願。古人所謂「天下定於一」，不管「定」於哪個「一」，「大一統」始終是古今中國的政治理想甚至是夢想。從秦漢對於匈奴、隋唐對於突厥和高句麗、大宋對於遼金，到大清對於四裔，無論國力強弱，都在做大一統帝國的夢。特別是，現在的中國疆域來自大清王朝，而大清王朝之所以能夠奠定今天中國的疆域，始終會讓人想起「十全武功」，正是因為這種關於「大一統」的追求，以及運用武力對四裔的征服，才形成清代東至庫頁島，西至新疆疏勒和蔥嶺，北到外興安嶺，南到崖山這樣的龐大帝國[八]，這裏當然有很多血與火，開疆拓土的歷史其實並不那麼和平。硬說傳統中國永遠是

八　《清史稿》卷五十四《地理一》，一八九一頁。

「懷柔遠人」，只是自欺欺人[九]，總說「中國自古以來就是愛好和平的國家」，其實大可不必[一〇]。

不過，從歷史中也可以看到另一面。在國際關係上面，中國雖然總是習慣於用處理內部秩序的方法處理外部秩序[一一]，但由於偏重於強調文化差異高於種族差異，所以，這使得古代中國對外部世界，儘管總是想「籠罩八荒、光被四表」，但並不那麼有侵略性和殖民性。也許，這一方面來自「我天朝無所不有」的自滿意識，古代朝貢體制中往往「厚往薄來」，恐怕是「送」多「取」少，需要的只是天朝上國大皇帝的尊嚴、虛榮和滿足，卻未必像近代歐洲如英法西葡那種對外掠奪型的殖民策略。另外一方面則來自古代中國相對封閉的地理環境和世界知識，這使得中國傳統對於四裔的想像，始終是野蠻、貧窮和落後，並不很願意跨越海洋或高原戈壁，形成更遙遠的區域控制[一二]。我們不妨看一段《皇明祖訓》中的話，

九　比如[美]何偉亞（James Hevia）的《懷柔遠人：馬嘎爾尼使華的中英禮儀衝突》（中譯本，北京：社會科學文獻出版社，二〇〇二）一書，只是在用新潮理論重新敘述，但並不是真的歷史。

一〇　這是外交部門常常說的話。

一一　這也是亨廷頓書中的說法，他依據的是費正清的論述。

一二　比如，七世紀中葉，波斯薩珊王朝被大食滅亡後，波斯人來大唐求援，大唐即不願意出兵；十六世紀末，萬曆年間出兵援助朝鮮抗倭，只是因為朝鮮是大明帝國最近的藩屬國。這也許有古老的觀念傳統，《公羊傳》裏記載魯隱公與戎狄會面，漢代人何休解釋說，本來「王者不治夷狄，錄戎者，來者勿拒，去者勿追」，似乎外面的世界並不足道。《春秋公羊傳注疏》卷二隱公二年。《十三經注疏》（北京：中華書局影印本，一九八〇），二二〇二頁。

「四方諸夷，皆限山隔海，僻在一隅，得其地不足以供賦，得其民不足以供役。若其不自揣量，來擾我也，則彼為不祥，彼既不為中土患，而我興兵輕伐，亦不祥」[一三]。

現代中國雖然已經不能當「帝國」，也不應該有「帝國主義」意識，不過，秦漢以來的中國確實是一個「帝國」，儘管這個「帝國」在近代世界已經不得不轉化為「國家」，但是，「帝國」的歷史、觀念和想像一直影響到當下。我曾經在《宅茲中國》中寫過，現代中國「是在無邊『帝國』的意識中有有限『國家』的觀念，在有限的『國家』認知中又保存了無邊『帝國』的想像，近代民族國家恰恰從傳統中央帝國中蛻變出來，近代民族國家依然殘存着傳統中央帝國意識」[一四]。顯然，中國對於自家的「國土」有很強的捍衛意欲，「揮淚對宮娥」是最慘的下場，簽訂「城下之盟」是最大的恥辱。特別是，經歷過近代被東洋和西洋欺負的歷史的中國，哪個統治者也承擔不起「喪權辱國」、「割地賠款」的罪名。但是，我們也要看到，天朝大國的自滿和想像，也使他們對別家「領地」未必那麼有熱心和有要求[一五]。中國對於「周邊」，雖然因為常常擔心核心區域受到威脅，會有「綏靖」和「鎮撫」的意願[一六]，有時也會試圖把邊緣異族作為中央王朝的「屏障」，但對「外國」實際的

一三　章潢《圖書編》卷五十「制馭四夷典故」，《影印四庫全書》本第九百七十冊，一八八頁。

一四　葛兆光《宅茲中國：重建有關『中國』的歷史論述》，二八頁。

一五　這一點和近代日本有很大差異。

一六　最近有人把「綏靖」當做傳統中國文明的擴展方式，而把「征服」當做環地中海歐洲文明的擴展方式。見林

領土，卻常常並不特別關心，所以往往拘守在自己有限的疆域之中[一七]。

「中國」的「周邊」，換句話說傳統中國的所謂「天下」，在很長的時間裏，大體上只是亞洲中部與東部。所以，除了要把「革命」推廣到世界的文革時代之外，中國所謂「天下霸主」的想像，充其量也就是充當亞洲區域「共主」。當然，這種（中國）區域共主的「帝國」心態，遇上（西方）全球霸主的「帝國」行為，如果再加上政治意識形態的威脅，就可能會有衝突[一八]，但是，如果不涉及政治意識形態，也不直接關係到中國的領土與利益，也常常會有妥協[一九]。

崗《征服與綏靖——文明擴展的觀察與比較》，《北京大學學報》二〇一二年第五期，六八—七八頁。

一七　東晉江統的《徙戎論》表明，古代中國有一種乾脆使華夷在地界上互相區隔的想法。宋代前期流行的「尊王攘夷」觀念，其實也表明中國士大夫的想法，北方要和遼、夏劃地而治，南方連南詔大理都可以不管。較為特殊的，是蒙元曾經試圖渡海遠征日本，但也可以看到，蒙元一旦屢次東征失敗以後，就不再關心日本。而漢族王朝明朝，更把一些鞭長莫及的遠方國家列為「不征之國」。對於地理上相對較遠的異國的不關心，更可以舉康熙、乾隆年間（十七世紀末到十八世紀末）的日本認識為例，雖然中國人如朱彝尊、姜宸英、翁廣平也談到日本，但大多只是來自書本上的歷史知識甚至是傳聞，準確的日本認識，最多是《吾妻鏡補》的水準。

一八　不過，由於中國的「大一統」觀念很強，所以一旦涉及諸如台灣、東海南海、新疆西藏之類的「核心利益」，衝突可能會十分激烈。

一九　只要不涉及中國安全，中國政府常常高高掛起，如進入聯合國的中國代表，初期總是在某些重要國際事務中投棄權票就是一例。[美]亨廷頓《文明衝突與世界秩序的重建》所說的，伊斯蘭文明和儒家文明會聯手對抗西方文明，我以為，至少在「聯手」這一點上，是缺乏歷史根據的。因為在傳統中國文化意識中，離中國較近的回教文化，其實，至少在歷史上，並不那麼被儒家文化所尊重，甚至還比不上西方文化。

三、文化衝突中的宗教因素：絕對性與唯一性在中國宗教中的淡化

這裏還可以順便討論一個問題即宗教因素。在亨廷頓所說的「文明衝突」中，核心問題是宗教，用他的話說，「宗教是界定文明的最重要特徵」[二〇]，宗教研究也就自然成了當代文化研究的關注點。通常說的所謂「具有世界性的宗教」，像基督教（包括天主教、基督教、東正教）、伊斯蘭教等等，由於它們各自形塑的文明能否並存或者會否衝突，對世界秩序有至關重要的影響[二一]，因此，對它們的歷史研究也被賦予了現實意義，因為這些關係到國際關係領域，並且與人們對宗教究竟是否可以促成當下世界和平的焦慮和關心，有着很大關係。

我粗略地看了一下當代各種宗教研究著作的立場、思路和結論。很多學者都在思考一個問題：歷史上，各種世界性的宗教是不是必然衝突而不能共存？如果不能避免衝突，是什麼原因讓它們互相廝殺？如果能彼此共處，那麼是什麼因素可以使它們互相包容？換句話說，就是這些宗教之間，究竟有什麼不可以化解的立場、精神和價值？各自所信仰的「唯一」的神祇和「絕對」的真理，在什麼樣的情況下，才可以彼此妥協？

二〇　亨廷頓《文明衝突與世界秩序的重建》，四三頁。

二一　佛教是例外，亨廷頓認為，佛教雖然是大宗教，但並沒有成為一個文明的基礎，因為它在原產地衰落，傳到各個地方，但是那些地方原來有自己的文明基礎，它只能被融合和吸收，卻並不能取代原地的文化，成為其共同體的基礎。

如果回看傳統中國，雖然也有過「三武一宗」滅佛[二二]，也有「佛道論衡」[二三]，也有對外來宗教的迫害[二四]，但總的來說，宗教之間並不曾有特別大的戰爭，倒是「三教合一」成為宗教史和政治史的主流。據說，宋孝宗、明永樂皇帝、清雍正皇帝都說過三教合一的話，比如「儒教治世，佛教治心，道教治身」，原因是什麼？

決不能簡單歸納為中國的儒釋道彼此有「包容性」，我要問的是，它們為什麼有「包容性」，而不捍衛自己的「絕對性」。且容我簡單地作一個解釋：第一，中國宗教從來就沒有取得超越或者對抗世俗政權的地位。自從中古道教模擬軍事組織建構教團，仿照編戶齊民管理信仰者的傳統逐漸消失，自從佛教「沙門不敬王者論」從東晉到唐代，最終被皇權否定，並確定「沙門須禮敬王者拜父母」，自從儒家漸漸接受佛道對死後世界、超越世界的闡釋以來，儒家、佛教、道教基本上都在世俗政治權力的控制之下[二五]，並不存在類似歐洲「教皇神權」或西亞「政教合一」那種宗教擁有絕對神聖和超越權力的情況；第二，由於古代中國皇

二二　「三武一宗」滅佛，指北魏武帝、北周武帝、唐武宗、北周世宗打擊佛教的事件。

二三　在唐太宗、高宗、則天武后朝，曾經有究竟「佛在道上」還是「道在佛前」的反復變動；宋代徽宗時期有讓佛陀改稱金仙，佛徒改作德士的詔令，元代在《化胡經》辯論之後，有令道觀改成佛寺之現象。

二四　如中晚唐對三夷教的禁令、清代嘉慶朝對天主教的禁令等。

二五　比如佛教，有所謂「不依國主，法事難立」的想法，也有爭取「皇帝菩薩」的意願。中國佛教在祈願「法輪常轉」的同時，也總是要「皇圖永固」。

權的強大，所以各種宗教教團始終在官方控制之下[二六]，僧統、道統由官方任命，出家度牒需要官府授予，寺觀分散在各個地方歸地方官府管轄，既沒有教會這樣的嚴密組織，也沒有教皇那樣的統一領袖，特別是，它沒有自己的軍事力量[二七]，因此彼此可以相安無事；第三，儒家與佛教、道教在信仰世界上各自分化，似乎各有側重（即所謂「儒教治世，佛教治心，道教治身」）不存在一個「絕對」解釋一切和籠罩一切的宗教，也不可能獨佔思想、知識和信仰世界，尤其是在上層士大夫中，它只是一種宗教形式下的文化[二八]。這構成中國傳統文化的一大特點。

所以，當傳統中國的「宗教」逐漸轉化為「文化」，因而缺乏「唯一」和「絕對」，在上層社會中，又始終強調把世俗生活和超越境界彼此分化，人們習慣於在世俗生活中尋求超越境界[二九]，這是否可以給世界宗教提供一種彼此和睦的立場和資源？若干年前，曾經有人

二六　佛教道教不僅很早就懂得「不依國主，法事難立」，而且從一開始就接受朝廷管轄，從北魏設立宗教官員以來，歷代均有僧錄司、道錄司，僧統、道統以及元代的僧總統。唐代佛教屬於「祠部」，明清道教張天師僅僅是正三品而已。

二七　日本佛教有僧兵，是東亞的一個例外。

二八　湯普森（Laurence G. Thompson）也在其名著《中國宗教》（*Chinese Religion: An Introduction*; Wadsworth Publishing Company, 1996, p. 1；第五版）一開始就說到，「中國宗教只是中國文化的一些現象」（manifestation of the Chinese culture）。

二九　例如道教在上層士大夫中提倡的清淨修行和養氣存神，或在宮觀中，或在山林裏進行相對與世隔絕的修行。又如禪宗影響下，士大夫追求幽深清遠的生活和平常心的精神境界。都不很具有一般宗教提倡的絕對和唯

試圖溝通世界上各種宗教，尋找各個宗教的「最大公約數」，最後他們只能在《世界宗教宣言》裏，在「己所不欲，勿施於人」等等道德教條上，找到彼此的共通處，那麼，是否今後可以從儒道釋的歷史狀況中，找到一些不同宗教彼此和睦相處的靈感？

四、掙扎的中國：對於「現代」、「國家」與「文化」的左右為難

一八九五年以來，在西方政治、科學和文化大潮的衝擊下，步履蹣跚被拖入世界的中國，無論在政治、文化，還是在信仰世界上，都處在一種複雜狀態中反復掙扎，在「國家」、「現代」和「文化」這三大問題上，中國都出現了左右為難、兩面糾纏的現象：

第一是「現代」，一方面把西方現代國家的法律、民主、科學、技術看成是導致「富強」的，必然的和理想的途徑，覺得中國也應該迅速「現代」並從此走向「未來」，一方面又把西方列強席捲世界，看成是弱肉強食的野蠻行徑，也是導致中國積貧積弱的原因，覺得中國應當另闢蹊徑走出一個新的現代[三〇]。

第二是「國家」，一方面在觀念上接受了西方現代以「民族」為「國家」基礎的論述，

一，倒是常常提倡的是退避和從容。

三〇　強調所謂「多元現代性」，即表現了一種相當尷尬的兩難處境，一方面不得不承認從傳統向現代轉化的必然性，一方面努力要捍衛思想、文化和價值觀念上的自主性，並試圖用「多元」來尋找想像上的和理論上的自我解釋途徑。

覺得建設現代型的民族國家就是像西方一樣追尋「文明」，一方面又在感情上傾向於中國歷史上以「文化」為「國家」基礎的現實，覺得必須捍衛漢唐以來，特別是清代以來「光被四表」的多民族大國[三一]，於是仍要「納四裔入中華」[三二]。

第三是「文化」，一方面中國傾向於把自己作為東方文化之集大成者，與西方相提並論，因此「中西文化」或「東西文化」的說法成為不言而喻的習慣，但一方面它又必須證明，自己的文化是東方的代表，與日本（東方之西方）、印度、伊朗等其他東方文化相競爭。

這是近代以來中國思想世界中最複雜的矛盾與衝突，而這些矛盾與衝突，都來源於中國原本是一個歷史悠久與傳統強大的帝國，而這個帝國雖然在近代飽受衝擊，卻又沒有經歷過徹底殖民的歷史，從而沒有喪失文化主體性。因此，至今學者總是要在歷史論述和理論表達上，尋找一個特殊的位置與立場，調和左右為難的問題。

可是我總覺得，在現代人的思想世界中，理性的「分化」很重要，政治的，歷史的，文化的，民間的和官方的，都要有一個理性的分際。以「文化」為例，如果我們承認，（普遍的）文明和（特殊的）文化總是會互相衝突的，我們在理性中能夠對「文明」和「文化」進

三一　可以注意到的是，近十年來「大國」一詞在中國相當流行，無論在學界還是政界，都曾經有過「大國崛起」、「大國興衰」、「大國責任」等等研究和議論。

三二　參看第三章。

行一定區分，你可能不會對全球化、對現代性（這也是一種「文明」）有那麼簡單和強烈的排斥感。你不會覺得這些「文明」是洪水猛獸，好像我們的「文化」就要被「文明」也就是全球化、現代性瓦解了。簡單地說，「全球化」或者「現代化」是大家用一個節奏、一個規則、一個共識互相交往，這種交往如果沒有一個共同的節奏、規則和共識，那就像在籃球場上打足球，而且沒有裁判一樣，就會亂套[三三]。既然世界變小了，大家都在一個地球上生活，總歸要有一個大致上彼此認可的規則，一個大家都遵守的倫理，一個多數人選擇的共識，這個規則、倫理和共識，就是全球化帶來的所謂「文明」。現在的問題只是，我們如何小心翼翼地在「文明」普及情況下，使不同的「文化」在文明規則下還能保留下來。

當然，這是一個很麻煩的事情，不是簡單說說就完了的。

結論：文化傳統只是資源，對文化資源需要理性選擇與現代解釋

中國知識人有根深蒂固的「天下主義」和「天朝心態」，現在，好多被「中國崛起」所激動的人，出於對近代以來西方（尤其是美國）主導世界秩序的反感，在那裏高唱「天下主

三三　當然，有人會質疑說，誰是規則的制定者，它憑什麼制定並且解釋？近代以來，是否西方制定了規則，要求我們遵守？問題是，這套規則是不是目前各種不好的規則中，相對比較公平的規則？丟棄這一套規則，我們還有沒有其他的，大家都認可的替代性方案？

義」、「天下體系」或者「新天下主義」[三四]。有人說，儒家的「世界」在哲學層次上是一個沒有邊界的世界，是一個沒有「內」和「外」，沒有「我們」和「你們」之分，所有的人都被平等對待的世界，因此應該是用來取代「世界秩序」的「天下秩序」。甚至說，在這個全球治理呼聲愈來愈高的時代，「國力日益強大的中國，應當接續道統，重拾儒家『以天下為一家』式的世界觀念。這一觀念體系，更宜於在一個衝突四起而又利益黏連的世界中維持公義與和平」[三五]。因此，他們追溯歷史的時候，突然發現中國原來是歷史上唯一一個「曾經結束戰國時代，建立起天下主義文化的文明」，「她的文化傳統可能會成為我們今天建立天下主義文化的精神源泉」[三六]。

這種心情當然可以同情與理解。但是，由於他們重新拾起的是傳統帝國「自我中心」的「天下」想像，如果無法剝離其「天下中央」的民族主義內核和自尊自大心態，就匆匆忙忙地把它解釋為成新的世界主義思想，這很容易變成在「萬國平等」、「四海一家」表象掩蓋下的另一種自我中心主義。因為這些所謂「天下」說法無論怎麼花樣翻新，只要它來自古代

三四　這些著作包括較早的，從哲學立場討論問題的趙汀陽《天下體系——世界制度哲學導論》（南京：江蘇教育出版社，二〇〇五；修訂版，北京：中國人民大學出版社，二〇一一）；最近也包括試圖從歷史上論述的姚中秋《華夏治理秩序史》（海口：海南出版社，二〇一二）第一卷《天下》。

三五　這種論述，近年來在中國學術界和思想界相當流行，見《封面選題：反思中國外交哲學》之「編者按」，以及盛洪《儒家的外交原則及其當代意義》，載《文化縱橫》二〇一二年第八期。一七頁，四五頁。

三六　盛洪《從民族主義到天下主義》，原載《戰略與管理》（北京：戰略與管理雜誌社）一九九六年第一期。

中國的傳統與歷史，就不可避免地帶有「天朝」的想像，所謂「一家」的說法再溫情脈脈，但只要它來自「中央」的記憶，也仍然需要一個處於中心、掌控一切的「家長」，因而，也不可避免地要引出用傳統中國的天下秩序，來替代近代以來的國際秩序的願景[三七]。

如果在學術領域平心靜氣討論「天下」觀念，在歷史背景下討論儒家理想，這原本是很正常的。問題是，當今中國的一些學者對於「天下」觀念的討論，依托的是傳統帝國的觀念背景，卻嘗試着把它解釋成現代世界的普遍制度[三八]，更麻煩的是，如今這種論述已經超越了學院學術的領地，進入或者試圖進入現實政治的層面，因而背後隱藏了相當複雜的動機和背景。簡單地說：

第一，這些論述的刺激動力，顯然來自「中國崛起」的興奮甚至亢奮。這種亢奮使得原本「韜光養晦」的理性策略被瓦解，也使得原本「萬國平等」的秩序準則被削弱，就連

三七　[美] 徐中約《中國加入國際社會》指出，所謂「國際社會」原本只是西歐國家，但其後不斷膨脹，其秩序也就成為同行的國際秩序，但當它發展到遠東時，就面臨了中國領導下的另一個「國際社會」(another family of nations)，在這兩個互相排斥的秩序 (these two mutually exclusive systems) 之間，便發生衝突，其結果是中國秩序被相繼侵入的西歐秩序所吞食。但是，如果因為現代國際秩序來自歐洲，就要反過來重新用「天下」和「朝貢」為代表的中國秩序代替它，是否就一定合理呢？

三八　趙汀陽認為，「天下」是帝國時代的想像，也是至大無外的地理的、心理的、社會制度的三合一「世界」，重提這個「天下」的意義，是「想像着並且試圖追求某種『世界制度』，以及由世界制度所保證的『世界政府』」，見其《天下體系：帝國與世界制度》，載《世界哲學》二〇〇三年第五期；五頁。所以，他在兩年後出版的《天下體系》一書，才有這樣一個副標題「世界制度哲學導論」。

一九四九年之後逐漸形成的「和平共處五項原則」也被置諸腦後。於是，當他們論述「天下」新秩序的時候，就會表現出某個學者所說的強權意識，「我們要管理比現在大得多的資源，經濟上進行管理，政治上進行指導，我們要領導這個世界」[三九]。

第二，這些論述的情感因素，往往來自中國長期受侮辱和受壓迫的激烈反抗。這種激烈反抗，不僅構成書寫中國近代史的主線，而且影響到中國對於世界的態度。因此，當中國逐漸強大時，就容易產生一種情感，正如有的學者表達的，一百多年來西方對於中國，就是掠奪、壓迫、陰謀，現在他們已經出現危機，而中國正在強大起來，中國就要拯救西方，結果是「未來時代，將會由中國人從政治上統一全人類，建立世界政府」[四〇]。

第三，這些論述的歷史依據，除了漢唐大帝國之外，最主要的來自蒙元和滿清兩個帝國（尤其是後者）。他們想像歷史上的這兩個「中華帝國」，不僅「沒有異教徒」，也「沒有明確的地理邊界，而且沒有文化邊界」[四一]，而這種過去的「無外」帝國就被想像成未來的

三九　王小東語，見宋曉軍等編《中國不高興》（南京：江蘇人民出版社，二〇〇九）。九九頁。參看馬立誠《當代中國八種社會思潮》（北京：社會科學文獻出版社，二〇一二）第一部分第六章《壓彎的樹枝：狂飆突進的民族主義》。一三三—一六〇頁。

四〇　摩羅語，見其所著《中國站起來》（武漢：長江文藝出版社，二〇一〇）。二五五頁。關於摩羅思想從自由主義向國家主義的轉變，可參看許紀霖《走向國家祭台之路——從摩羅的轉向看當代中國的虛無主義》，原載《讀書》（北京：三聯書店，二〇一〇）八—九期。

四一　趙汀陽《天下體系：帝國與世界制度》，《世界哲學》二〇〇三年第五期；十三頁。

「大同」世界，因此他們認為，清代公羊學家彷彿先知，而他們從古典中發掘出來並且加以論證的那個「太平世」，即「天下遠近小大若一」的那個世界，似乎就成為了給後世「五族共和」的現代（多）民族國家進行合法性論證，因此，當下的「中國」超越了近代以歐洲為模板的「民族國家」，不僅有了現實的合法性，也擁有了歷史的合理性。

第四，這些論述的政治基礎，有時也來自政治意識形態的支持。正如一個同時具有官員身份的學者所強調的，國家不應當只是「法律建構的實體」，也應該是「文化或文明的實體」，因此，現在可以超越民族國家體系，不僅在文化意義上重建「中國」，而且可能恢復儒家古典政治哲學傳統中，範圍越來越大的「天下」（或者叫作「文明帝國」）[四二]。

正因為如此，古典儒家對夏商周三代「天下」秩序的追憶和想像，以及公羊學所謂「三世說（據亂世、升平世、太平世）」的歷史論述[四三]，近來在中國學界，也被重新發掘並且加

四二　強世功語，參看陳冠中《中國天朝主義與香港》（香港：牛津大學出版社，二〇一二）的引述和評論。八七－一三〇頁。

四三　《春秋公羊傳》隱公元年說「所見異辭，所聞異辭，所傳聞異辭」，後來何休先把它解釋成春秋時代魯國十二代諸侯中「昭、定、哀」三代，是孔子父親與自己親眼所見的時代，「文、宣、成、襄」四代，是其父親所聽到的傳聞的時代，「隱、桓、莊、閔、僖」五代，是高祖、曾祖所聽說的傳聞的時代，由於每個人境遇、立場、觀念不同，所以會有「異詞」。但接下去又把它解釋為「內其國而外諸夏」、「內諸夏而外夷狄」、「天下遠近小大若一」的三種天下秩序，這一解釋，後來被所謂「今文學者」所發揮，成了對於現實的和理想的「天下秩序」的一種重要論述。見《十三經注疏》（北京：中華書局，一九八〇）二二〇〇頁。

以發揮，用來支持政治論述，構建世界秩序。

我注意到，近來有不少學者興奮地討論「世界歷史的中國時刻」，認為「隨着中國文明的復興，人類就開始進入『世界歷史的中國時刻』……中國將要從根本上改變世界」，其中，重新提倡「天下」理念正是改變世界的重要一環[四四]。平心而論，某些「天下主義」和「天朝心態」，如果在一個開放時代，當然有可能轉化為接受普世價值和普遍真理的世界主義，並且在「多元一體」的狀態下擁抱「共識」，在保衛自身文化傳統的同時，接受其他民族或國家提供的好的制度、文化和思想。但是，如果它在貧弱時代的危機心態中，或者崛起狀態下的自滿心態下，也有可能繼續沿襲「鄙薄四夷」和「唯我獨尊」的民族主義，引申出通過現代化來富國強兵，從而爭霸天下的雄心，也因此會成為在文化上阻隔內外和你我的障礙。

因此，這就帶來了新的問題，就是強調復興中國文化，能不能把中國文化當做「資源」，根據現代文明之「需求」，對這一資源作合理的「選擇」，進行創造性的「詮釋」？換句話說，就是在接受全球文明的前提下，能否協調「全球化」和「中國性」、「普世價

四四　例如《開放時代》（廣州：廣州市社會科學院）二〇一三年第二期就有「世界歷史的中國時刻」專題討論。五-七〇頁。此處所引，見六頁。稍後，姚中秋又以這一思路撰寫了《世界歷史的中國時刻》一文，認為「現代之前的中國人始終奉行的天下理念，最適合於面臨着世界歷史責任之當下中國人」。見《文化縱橫》（北京：文化縱橫雜誌社）二〇一三年第六期，八〇頁。

值」和「中國色彩」？如果能，那麼，我們也許可以從中找到尋求和平的靈感和思路，如果不能，那麼很麻煩的就是，當傳統的「天下」觀念被激活，「朝貢」想像被當真，「天朝」記憶被發掘，也許，中國文化和國家感情反而會變成對抗全球文明、對抗區域合作的民族主義（或國家主義）情緒，那就真的引出「文明的衝突」了。

後記

這是在日本的辻康吾先生以及北京的陳冠中先生等很多朋友的鼓勵下，才編成的一本小書。這本小書的日文版《中國再考——疆域、民族、文化》於二〇一四年二月由日本著名的岩波書店出版，收入「岩波現代文庫」，我在這裏要特別感謝辻康吾先生和岩波書店。而本書中文版，則由陳冠中先生建議，交給香港牛津大學出版社出版，和日文版比較起來，中文版做了較大的增補和修改，特別是補寫了「民族：納『四裔』入『中華』」一章。

我希望通過這本小書，與讀者分享的是，一個中國學者如何理解「中國」、「中國歷史」和「中國文化」。也希望讀者了解，一個中國學者如何理性地分析中國與周邊的現實。我承認，各個國家的學者在面對歷史與現實的時候，都不免有民族立場和文化感情，不過，一個學者之所以可以被稱為學者，就是因為他在立場和感情之外，還有迴溯歷史的知識和理性思考的能力。

收錄在這裏的導論以及六章，原本是在不同場合的演講或報告，一部分內容，已經見於我在二〇一一年出版的《宅茲中國》一書。不過，為了全書更加系統，更加簡明，在收入本書的時候，我做了很多修訂，不僅增補了一些資料，而且有意識地讓各章能夠互相呼應，使它更像一部事先內容結構經過設計的小書。

需要說明的是：

「導論」是根據二〇一二年十一月二十二日在 Korea Academic Research Council (Seoul) 舉辦的 A Series of Special Lectures by Distinguished Scholars 上的演講稿改編的，原題就是「歷史、文化與政治：有關「中國」的歷史形成與認同困境」。

第一章「世界觀：從古代中國的『天下』到現代世界的『萬國』」是我在清華大學、復旦大學「古代中國文化」課上的講稿，也曾經在美國密西根大學比較文學系演講過，原曾收入《古代中國文化講義》（台北：三民書局，二〇〇五）。

第二章「國境：有關『中國』疆域的討論」是我在中國深圳參加《南方都市報》組織的一次座談會的演講大綱，後來發表在二〇〇七年八月二十二日的《南方週末》。這次做了較大的修訂和增補。

第三章「民族：納『四裔』入『中華』」，是二〇一三年我在向岩波書店交出書稿之後才補寫的，並未發表，計劃將在二〇一四年二月香港中文大學「丘鎮英學術講座」上宣讀。

第四章「歷史：從長時段看中國文化」也是根據二〇一二年十一月二十三日在 Korea

Academic Research Council (Seoul) 舉辦的 A Series of Special Lectures by Distinguished Scholars 上的演講稿修改而成的，原題是「疊加的、凝固的與斷續的——從歷史看中國文化」。

第五章「周邊：十六、十七世紀以來中國、朝鮮與日本的彼此認識」是綜合了我在韓國東北亞歷史財團（二〇〇七）、日本關西大學（二〇〇八）、泰國曼谷「亞洲未來論壇」（二〇一三）的幾次演講綜合而成的。

第六章「現實：中西文化差異會導致衝突嗎？」是二〇一二年十一月，由中華文化促進會和太平洋文化基金會聯合在北京「兩岸人文對話」上發言的文稿，至今未曾發表，當然在那次發言之後，我對文稿做了大幅度的增補和修訂。

最後，我要特別感謝余英時先生為本書的中文版題寫了書名。從二〇〇九年以來的四年裏，我每年都在普林斯頓大學擔任一個半月的訪問教授，而在這四年中，讓我覺得最愉快的事情，就是能和余英時先生和陳淑平先生經常見面聊天，在這些海闊天空的閒聊中，我得到了相當多的啟迪，余先生退休之後，雖然隱居於林下，卻仍如老子所說「不出戶，知天下，不窺牖，見天道」，能和余先生有那麼多的交談，也許，就是古人說的「緣份」罷。

二〇一三年歲末於上海

葛兆光，一九五〇年生於上海，一九八四年北京大學研究生畢業，現為復旦大學文史研究院及歷史系特聘教授。歷任揚州師範學院歷史系副教授、清華大學歷史系教授，並曾任香港浸會大學、日本京都大學、香港城市大學、臺灣大學、比利時魯汶大學、日本關西大學、美國哈佛燕京學社、普林斯頓大學等校任客座教授及訪問學者。二〇〇九年被美國普林斯頓大學選為第一屆 Princeton Global Scholar。主要研究領域是中國宗教、思想和文化史。主要著作有：《禪宗與中國文化》、《道教與中國文化》、《漢字的魔方》、《唐詩選注》、《中國思想史》（兩卷本）、《思想史研究課堂講錄》正續編、《古代中國文化講義》、《屈服史及其他：六朝隋唐道教的思想史研究》、《西潮又東風——晚清民初思想宗教與學術十論》、《增訂本中國禪思想史——從六世紀到十世紀》、《宅茲中國——重建有關中國的歷史論述》、《想像異域——讀李朝朝鮮漢文燕行文獻札記》等。